Bernhard von Simson

Ueber die Beziehungen Napoleons III. zu Preussen und

Deutschland

Ein Vortrag

Bernhard von Simson

Ueber die Beziehungen Napoleons III. zu Preussen und Deutschland
Ein Vortrag

ISBN/EAN: 9783744698351

Hergestellt in Europa, USA, Kanada, Australien, Japan

Cover: Foto ©ninafisch / pixelio.de

Weitere Bücher finden Sie auf **www.hansebooks.com**

Ueber die Beziehungen

Napoleons III. zu Preussen und Deutschland.

Ein Vortrag

von

Bernhard Simson,
Professor in Freiburg i. B.

Freiburg i. B. und Tübingen 1882.
Akademische Verlagsbuchhandlung von J. C. B. Mohr
(Paul Siebeck).

Druck von Gebrüder Kröner in Stuttgart.

La Prusse était la puissance avec laquelle il lui
semblait qu'il pouvait le mieux s'entendre pour opérer
sur la carte de l'Europe les changements dont le rêve
ne cessait de hanter son cerveau nuageux.
Delord, *Hist. du second empire III, 133.*

Der Gegenstand, den ich zu behandeln gedenke, bringt, wie ich mir nicht verhehlen kann, manche Inconvenienzen mit sich. Er setzt mich — zumal mir keinerlei ungedrucktes Material vorgelegen hat — vor allem der Gefahr aus, Dinge zu wiederholen, die noch in allgemeinem Gedächtniss sind. Indessen werde ich diese Klippe vielleicht dennoch vermeiden können, obwohl ich nur eine Skizze zu geben versuche, in welcher ich hervorhebe, was mir als das Wichtigste und Frappanteste erschienen ist.

I.

Der Kaiser Napoleon III., der im Kampfe gegen Preussen und Deutschland den Untergang seiner, wie es schien, schon ziemlich befestigten Herrschaft finden sollte, war an sich durchaus kein Feind von Deutschland oder von Preussen. Im Gegentheil: er wusste von beiden mehr und hatte schon infolge dessen nicht nur mehr Verständniss, sondern auch mehr Sympathien für beide als beinahe irgend ein andrer französischer Staatsmann. Der Kaiser hatte einen grossen Theil seiner jungen Jahre in

Simson, Napoleon III.   1 unmittelbarer Nähe der deutschen Grenze, am Bodensee verlebt, und namentlich der Einfluss des Constanzer Bisthumsverwesers Wessenberg, an welchem die Königin Hortense einen ebenso aufrichtigen als treuen Freund besass, entschied es, dass er eine vorzugsweise deutsche Erziehung genoss [1]). Er erhielt auf dem Gymnasium zu Augsburg deutschen Unterricht, welcher von grossem Einfluss auf seine Art zu denken und zu fühlen war. Man fand in seinem Wesen später mehr Deutsches als Französisches. Schon die Ruhe, Sanftheit und Indolenz, die er wenigstens äusserlich an sich hatte, stach von dem lebhaften Temperament der Franzosen sehr ab. Ja, er soll sogar das Französische nicht ganz ohne deutschen Accent gesprochen haben. So urtheilten gute Beobachter, welche Gelegenheit hatten, mit dem Kaiser in vertraulichster Nähe zu verkehren.

Auch blieb dem von Natur nicht harten und namentlich der Pietät und Dankbarkeit sehr wohl fähigen Gemüth Napoleon's III. die Erinnerung an Deutschland und die dort verlebten Jugendjahre lieb und werth [2]). Der deutschen Sprache war er für einen Ausländer fast vollständig mächtig [3]) und mit der deutschen Litteratur nicht un-

---

[1]) Jos. Beck, Freiherr J. Heinrich v. Wessenberg, S. 492. Der Verfasser, der häufig auf dem Arenenberg erschien, bezeugt zugleich, dass er kaum je so fleissig und sauber geführte deutsche Schulhefte gesehen habe wie diejenigen des Prinzen.

[2]) Diese Erinnerungen rief auch der Prinz Napoleon (Jerôme) in einem Briefe an den Kaiser vom 14. Juli 1866 an: »L'empereur, qui a été élevé en Allemagne, connaît mieux que qui que ce soit ce pays; qu'il se rappelle ses souvenirs de jeunesse à Augsbourg« (Rothan, La politique française en 1866, S. 456).

[3]) Bei Ecker, Lorenz Oken, S. 173, ist ein deutscher Brief Louis Napoleon's an Oken vom 20. August 1837 abgedruckt, dessen

bekannt. Von den Heroen derselben hat Schiller einen
tiefen und nachhaltigen Eindruck auf ihn gemacht, wie
es ja sehr erklärlich ist, dass ein junger Mann, der sich
zu einer grossen Rolle auf der Weltbühne berufen glaubte
und zu sinniger Betrachtung weniger Musse hatte, von
der vorstürmenden, in prächtigen Bildern und Worten
daherrauschenden Poesie dieses Dichters vorzüglich er-
griffen werden musste. Als Prinz Louis Napoleon im
August 1840 nach der Affaire von Boulogne in der Con-
ciergerie sass, suchte er seine Verzweiflung über das
Scheitern seiner hochfliegenden Träume auszuströmen und
zu lindern, indem er eine Uebersetzung von Schiller's
Gedicht »Die Ideale« auf das Papier warf. Der Kaiser
hat diese Uebersetzung sogar später unter der Ueber-
schrift »L'Idéal. Traduction de Schiller« in seine Werke
aufnehmen lassen[4]). Obschon nur eine Uebersetzung in
Prosa und vor dem Schlusse abgebrochen, — wohl weil
hier die Analogie zwischen der Stimmung des Ueber-
setzers und der des Dichters aufhörte — ist sie doch
im Ganzen treu und folgt dem Original meist mit rich-
tigem Verständniss[5]). So werden z. B. die Verse:

Original, wie der Herausgeber (S. 35) bemerkt, mit deutschen
Lettern geschrieben ist. Immerhin enthält dieser Brief jedoch un-
deutsche, aus dem Französischen übersetzte Wendungen, wie : »Ich
mache Ihnen dafür meine herzlichsten Danksagungen. Es ist immer
mit Freude und Anerkennung, dass ich die Meinung von Männern
empfange, für welche ich Achtung und Freundschaft empfinde ; zu
jedem Augenblick also ist mir die Aeusseruug Ihrer Gefühle werth«.

[4]) Als Präsident der Republik theilte Louis Napoleon diese
Uebersetzung einer ihm nahestehenden Dame mit einem graziösen
Billet vom 1. April 1850 mit, welches durch die Zeitungen be-
kannt geworden ist.

[5]) Vergl. auch Kreyssig, Preuss. Jahrbücher XI, 568.

Er ist dahin der süsse Glaube
An Wesen, die mein Traum gebar,
Der rauhen Wirklichkeit zum Raube,
Was einst so schön, so göttlich war

recht genau folgendermassen wiedergegeben: »Elle est
anéantie, cette douce croyance en des êtres créés par mon
imagination; ces rêves jadis si beaux, si divins, ils sont
tombés en proie à la triste réalité«. Das freilich ist kühn
und als ein Missverständniss, wenn nicht als ein Missbrauch
zu bezeichnen, dass hier ein ehrgeiziger Prätendent seinem
Trübsinn über das wiederholte und scheinbar definitive
Fehlschlagen seiner Pläne oder — man kann es zugeben —
der Sache, welche er für seine Mission hielt, die edle Sprache
leiht, in welcher dort ein gereifter erhabener Geist weh-
müthig, aber durchaus frei von Bitterkeit die Entsagung ausdrückt, die ihn das Leben gelehrt hatte. Schillers Dich-
tungen hafteten aber auch später im Gedächtniss des Kaisers.
Als Prinz Albert, der Gemahl der Königin von England,
ihn im Jahre 1854 im Lager zu Boulogne besuchte, re-
citirte der Kaiser dem Prinzen, wie der letztere schreibt,
»ein Gedicht von Schiller über die Vorzüge des Friedens
und des Krieges für die Menschheit, das tiefen Eindruck
auf ihn gemacht zu haben schien und vielleicht nicht
ohne Einfluss auf sein Leben gewesen war« [6]). Prinz
Albert giebt leider nicht an, welches Gedicht es war.
Vermuthlich ist jedoch überhaupt an kein besonderes
Gedicht, sondern an jene Stelle aus der Braut von
Messina zu denken, welche die Vorzüge des Krieges
beinahe über die des Friedens stellt:

Schön ist der Friede! Ein lieblicher Knabe,
Liegt er gelagert am ruhigen Bach,

---

[6]) Martin, Das Leben des Prinzen Albert, übers. von Lehmann,
III, 113.

Und die hüpfenden Lämmer grasen
Lustig um ihn auf dem sonnigen Rasen ;
Süsses Tönen entlockt er der Flöte,
Und das Echo des Berges wird wach,
Oder im Schimmer der Abendröthe
Wiegt ihn in Schlummer der murmelnde Bach —
Aber der K r i e g auch hat seine Ehre,
Der Beweger des Menschengeschicks :
Mir gefällt ein lebendiges Leben,
Mir ein ewiges Schwanken und Schwingen und Schweben
Auf der steigenden, fallenden Welle des Glücks.
    Denn der Mensch verkümmert im Frieden,
Müssige Ruh ist das Grab des Muths.
Das Gesetz ist der Freund des Schwachen,
Alles will es nur eben machen,
Möchte gerne die Welt verflachen ;
Aber der Krieg lässt die Kraft erscheinen,
Alles erhebt er zum Ungemeinen,
Selber dem Feigen erzeugt er den Muth.

In diesem Zusammenhange mag man auch der Beziehungen gedenken, in welchen Napoleon III., als Prinz
wie als Kaiser, zu manchen hervorragenden deutschen
Gelehrten, wie Oken, Ritschl, Mommsen u. s. w., ge-
standen hat. Hauptsächlich knüpften sich diese Beziehungen an sein Werk über das Leben Julius Cäsars.
Mit Ritschl, welcher auf seinen Wunsch die Revision der
deutschen Uebersetzung übernahm, stand er deswegen in
lebhaftem gelehrtem Briefwechsel. Die Vermittlerin dieses
Verkehrs war eine sehr ausgezeichnete und gelehrte Frau,
Madame Hortense Cornu, Tochter einer Kammerfrau der
Königin Hortense, Milchschwester Louis Napoleon's und
mit ihm zusammen in Deutschland erzogen [7]). Endlich

---

[7]) O. Ribbeck, F. W. Ritschl, II, 245 ff., 395 ff. , 544 ff.,
vgl. auch H. v. Sybel, Napoleon III. (Kleine historische Schriften,
3. Bd.), S. 542 f.

darf hier noch ein kleiner, aber bezeichnender Zug nicht übergangen werden. Im August 1855, zu einer Zeit, wo das herzliche Einvernehmen der Westmächte in seinem Zenith stand und die Königin Victoria mit dem Prinzen Albert am französischen Hofe zum Besuch war, fuhr der Kaiser mit seinen hohen Gästen von einer Vorstellung in der grossen Oper in Paris nach St. Cloud zurück. Besonders aufgeräumt und heiter, sang er mit dem Gemahl der Königin, wie diese selbst erzählt, verschiedene alte deutsche Lieder in die Nacht hinaus; der Prinz sang ihm einige vor. Höflichkeit gegen den deutschen Prinzen mag dabei mit im Spiel gewesen sein, aber diese Scene bekundet doch in besonders auffallender Weise, wie stark der Kaiser von deutschem Geiste angehaucht war.

Wir fügten vorher hinzu, dass Napoleon III. auch kein Feind Preussens gewesen sei. Es ist in der That unzweifelhaft, dass er als junger Mann, wenn er sich in der Phantasie seine künftige grosse Politik vormalte, mit Preussen in ähnliche Beziehungen zu treten gedachte, wie sie sein Oheim bis zum Jahre 1805 unterhalten hatte. Indem er in seinen »Idées Napoléoniennes« einen rapiden Ueberblick über die Kriege und die auswärtige Politik des grossen Napoleon wirft, schreibt er in Bezug auf diesen Staat: »Preussen sagt sich von dem französischen Bündnisse los: Napoleon ist genöthigt, es bei Jena zu bändigen«[8]). Liegt hierin schon, dass Napoleon I. wider seinen Willen zum Feinde und Besieger Preussens geworden sei, so tritt die Auffassung des Verfassers noch deutlicher hervor, indem er diese Worte durch folgendes

---

[8]) La Prusse se détache de l'alliance française; Napoléon est obligé de la dompter à Iena. (Oeuvres I, 133.)

Citat aus Bignon, einem von ihm besonders geschätzten bonapartistischen Historiker, ergänzt: »Man wird sich dereinst die Frage vorlegen, warum Napoleon sich in den letzten Jahren seiner Regierung so unbarmherzig gegen Preussen gezeigt hat. Als Grund wird man finden, dass Preussen diejenige Macht gewesen ist, welche ihm das meiste Uebel zugefügt hat, indem es ihn zwang, es zu bekämpfen und zu zerstören, während er vielmehr gewünscht hatte, es zu verstärken und zu vergrössern, um mit seinem Beistande Russland und Oesterreich im Schach zu halten, sowie um die Ausführung des Continentalsystems zu sichern und dadurch England zum Frieden zu zwingen«. Es kommt hier nicht darauf an, die Richtigkeit dieser Auffassung zu prüfen — sondern darauf, dass der Autor, welcher sich bewogen fand, dieselbe in eine besondere Note aufzunehmen, offenbar die Absicht hegte und zu erkennen geben wollte, wenn er dereinst an der Spitze Frankreichs stehen würde, Preussen zum Alliirten zu haben — und diesen Gedanken hat er auch als Kaiser festgehalten. Schätzte und bewunderte er doch an dem preussischen Staate manches und namentlich e in e s in hohem Grade, nämlich seine Heeresverfassung. Er nennt das preussische Wehrsystem, in welchem er freilich auch nur eine Entwickelung der Gedanken der Napoleonischen Conscription sehen wollte, das schönste der Welt und wurde als exilirter Prinz nicht müde, seinen Landsleuten die Nachahmung desselben auf das dringendste zu empfehlen [9]).

Dennoch war auch für Napoleon III. Deutschland

---

[9]) Ebenso sagte der Kaiser (1854) zu dem Herzoge von Coburg-Gotha, dass er die Organisation der preussischen Armee bewundere und dieselbe in Frankreich einführen wolle (Geffcken, Zur Geschichte des orientalischen Krieges, S. 87).

nur ein geographischer Begriff. Dennoch erkannte er zwar eine germanische Nationalität, aber kein deutsches Volk an [10]). Dennoch theilte er, wie Prinz Albert sich in eingehenden Gesprächen mit ihm 1854 überzeugte, die allgemeine Besorgniss der Franzosen, dass ein fest geeinigtes Deutschland übermächtig und furchtbar werden würde. Er erkannte mithin ein Recht Deutschlands auf nationale Einheit nicht an. Dies ist der entscheidende Punkt, der eigentliche Unterschied zwischen der deutschen und der französischen Auffassung. So verwirft auch Benedetti die Ansicht, dass Deutschland eine Macht sei, der es freistehe, sich nach ihrem Belieben zu constituiren, einmal geradezu als eine Irrlehre, welche leider selbst die unbefangensten Geister in Preussen verblende (»La doctrine qui représente l'Allemagne comme une puissance unique et libre de se constituer à son gré aveugle les esprits les moins prévenus« [11]).

Indessen war es keineswegs Napoleon's Wunsch, den deutschen Bund in seiner damaligen Verfassung aufrecht zu erhalten. Als Werk von 1815, mit seinen gegen Frankreich gerichteten Bundesfestungen war ihm dieser verhasst. Es war ein anderes Programm, welches dem stets mit Gedanken an eine Umgestaltung der Karte Europa's spielenden Sinne des Kaisers in Bezug auf die deutschen Angelegenheiten vorschwebte. Die Grundzüge desselben lassen sich mit Sicherheit angeben. Er hat sie selbst wiederholt — theils vertraulich, theils öffentlich — in

---

[10]) In der Proklamation vor dem Kriege von 1870 sagte er : »Nous ne faisons pas la guerre à l'Allemagne, dont nous respectons l'indépendance. Nous faisons des vœux pour que les peuples qui composent la grande nationalité germanique disposent librement de leurs destinées«.

[11]) Ma mission en Prusse, S. 174 (Depesche vom 15. Juni 1866).

übereinstimmender Weise dargelegt. Vertraulich in den
mehrerwähnten Unterhaltungen mit dem Prinzen Albert [12]),
in welchen er seine Wünsche in dieser Hinsicht dahin
zusammenfasste, dass sich Oesterreich und Preussen jedes
für sich selbständig constituiren, die kleineren Staaten sich
dagegen enger unter einander verbinden möchten. Prinz
Albert machte den Kaiser darauf aufmerksam, dass dies
auf die verderbliche und überdies unausführbare Idee der
Trias hinauslaufe — unausführbar u. a. deshalb, weil ein
Theil der Mittel- und Kleinstaaten, von den übrigen ab-
geschnitten, in der Machtsphäre Preussens liege. Diese
Einwendungen können indessen höchstens insofern einen
gewissen Eindruck auf den Kaiser gemacht haben,
als sie seine Ansicht bestätigten, dass die Verwirk-
lichung seiner Wünsche eine Arrondirung Preussens
voraussetze. Eine solche war ihm nämlich unter gewissen Bedingungen durchaus genehm. Dies zeigte sich
oft und auch als er zwölf Jahre später — diesmal in
einem Zeitpunkt, wo die deutsche Frage in die Krisis
getreten war, und öffentlich — im wesentlichen dasselbe
Programm wiederholte. Es ist bekannt, dass der Kaiser im Frühjahr 1866
mit Russland und England übereingekommen war, eine
Conferenz zu berufen, auf der die damals schwebenden
Fragen, welche dann die Waffen entschieden haben —
über die Elbherzogthümer, die Reform des deutschen
Bundes, Venetien — auf friedlichem Wege gelöst werden
sollten. Als Oesterreich diesem Conferenzproject den
Boden entzogen hatte, da es seine Theilnahme an die
Bedingung knüpfte, dass keine der betheiligten Mächte
aus den Verhandlungen mit einem Zuwachs an Gebiet

---

[12]) Martin a. a. O. III, 121—122.

oder Macht hervorgehen dürfe [13]), hielt der Kaiser es für
angezeigt, in einem offenen Schreiben an seinen Minister
des Auswärtigen [14]) die Politik in ihren Umrissen zu bezeichnen, welche Frankreich auf der beabsichtigten Conferenz eingehalten haben würde. Nachdem er hier die
ungünstige Gestaltung der preussischen Grenzen und den
Wunsch Deutschlands nach einer besseren politischen Organisation als Ursachen des bestehenden Conflicts anerkannt hat, fährt er fort: »Wir würden, was uns be-
trifft, für die Bundesstaaten zweiten Ranges eine engere
Einigung, eine kräftigere Organisation, eine bedeutendere
Rolle, für Preussen mehr Homogeneität und Stärke im
Norden, für Oesterreich die Aufrechterhaltung seiner
grossen Stellung in Deutschland [15]) gewünscht haben«.
Dies das Programm, mit welchem auch noch andere
Aeusserungen des Kaisers übereinstimmen — z. B., wenn
er im Frühjahr 1854 zu dem als Specialgesandter Friedrich
Wilhelm's IV. an ihn geschickten Fürsten von Hohen-
zollern-Sigmaringen sagte, »ein starkes Preussen, wohl
arrondirt, geographisch und militärisch richtig be-

---

[13]) Als Graf Bismarck diese Ablehnung Oesterreich's durch den
französischen Botschafter erfuhr, rief er in patriotischem Hoch-
gefühl: »Vive le roi!«

[14]) Vom 11. Juni 1866. Das Schreiben wurde am 13. auch
im Corps législatif verlesen.

[15]) Dieser Passus erscheint auf den ersten Blick sehr dunkel.
Einiges Licht empfängt er dadurch, dass nach einem unmittelbar vorher (am 9. Juni 1866) abgeschlossenen geheimen Vertrage mit Oesterreich dieses befugt sein sollte, sich für die Abtretung von Venetien durch die Eroberung Schlesiens zu entschä-
digen. Im Uebrigen vergl. zur Erläuterung die mündlichen
Erklärungen Napoleon's III. im Mai 1866, bei H. v. Sybel,
Napoleon III., S. 627. Nigra an La Marmora 11. Mai 1866
(Etwas mehr Licht, S. 214).

g r e n z t, werde Frankreich stets willkommen sein« [16]). — Man muss zugeben, dass dies Programm gut napoleonisch war, in dem verkleinerten Massstabe, welcher überhaupt den Neffen von dem Oheim unterscheidet [17]). Der engere Bund der kleineren Staaten, welchen der Kaiser so lebhaft wünschte, berechtigte in seinen Augen unzweifelhaft zu der Hoffnung, sich gewissermassen zu einem zweiten Rheinbunde zu entwickeln. Das im Norden cònsolidirte Preussen sollte ein kräftiger Verbündeter Frankreichs gegen Russland und Oesterreich und zugleich nach Norden und vom Rhein weggedrängt werden. Denn die hier nicht ausgesprochenen weiteren Wünsche Napoleon's gingen auf das linke Rheinufer, mindestens auf die Wiederherstellung der französischen Grenzen von 1814, eventuell auch auf die Umwandlung des westlichen Rheinufers in ein neues neutrales Zwischenkönigreich zwischen Frankreich und Deutschland.

[16]) Geffcken a. a. O. S. 83. Aehnliche, sogar noch weitergehende Aeusserungen Napoleons III. gegenüber dem Herzog von Coburg ebd. S. 86: »La Prusse c'est la puissance de l'intelligence en Allemagne, les sympathies de la population lui appartiennent« etc. Er wünsche ein starkes Preussen und hoffe, dasselbe werde die Gelegenheit nicht vorübergehen lassen »pour élargir ses bases en Allemagne et s'arrondir autour d'elle«. »La Prusse doit se caser en Allemagne comme bon lui semble . . .« Für solche deutsche Dynastien, welche einer neuen geographischen Abgrenzung Preussens zum Opfer fallen müssten, würden sich Ausgleichsobjecte in Polen finden (ein ander Mal war freilich Polen gerade für Preussen in Aussicht genommen, ebd. S. 84). Der Kaiser fragte lachend, ob Preussen lieber Sachsen oder Hannover nehmen würde.

[17]) Drouyn de Lhuys nannte es »eine Combination, welche neue, für Frankreich günstige Gruppirungen bilde, alte ungünstige zersprenge, dadurch Frankreich stärke, Frankreichs Gegner schwäche«. (Sybel a. a. O. S. 626—627).

Es ist fast überflüssig hinzuzufügen, dass Napoleon III.
dies Programm nicht mit stetiger Consequenz verfolgt
hat. Ein solches Verhalten wäre in der Diplomatie wohl
überhaupt nicht durchführbar. Der vielfache Wechsel
der Verhältnisse hätte dem Kaiser das unmöglich gemacht, wenn er auch nicht von Natur sehr schwankend
gewesen und es mit zunehmendem Alter und zunehmender
Kränklichkeit noch immer mehr geworden wäre. Allein
seine Mutter hatte sich nicht geirrt, wenn sie ihn ihren
»sanften Starrkopf« nannte. Wie schwankend auch in
seinen Entschlüssen, er war zugleich ein Träumer — so
träumerisch, dass man von ihm sagen konnte, er wisse
nicht zwischen Denken und Träumen zu unterscheiden [18]);
ein Träumer, der seinen Lieblingsträumen unablässig
nachhing und an sie glaubte. Wie hätte er auch nicht
an sie glauben sollen, da die Kaiserträume seiner Jugend,
die einst nur lächerlich erschienen waren, sich dennoch
erfüllt hatten? Von den Plänen geleitet, welche er selbst
angedeutet hat, suchte Napoleon III. die beiden deutschen
Grossmächte auseinanderzuhalten, den Gegensatz zwischen ihnen zu schärfen, den Ehrgeiz Preussens, an dessen
Zukunft er mit Recht glaubte [19]), anzustacheln. Wiederholt
trat er mit verlockenden Versuchungen, geradezu mit der

---

[18]) Geffcken a. a. O. S. 84 citirt eine Aeusserung Tocqueville's:
»L'empereur ne sait pas distinguer entre rêver et penser«. Napoleon's III. Mutter, die Königin Hortense, nannte ihn bekanntlich
ihren doux entêté. — Wessenberg sagt, dass der Prinz von einem
einmal gefassten Entschluss nur schwer abzubringen war (Beck
a. a. O. S. 500).

[19]) In der unten erwähnten, Pepoli mitgegebenen Note vom
December 1858 sagt Napoleon III: »Preussen vertritt die Zukunft —
Oesterreich die Vergangenheit« (vgl. auch Massari, Cavour übers.
von Bezold, S. 219).

Aufforderung, annectirend um sich zu greifen, an Preussen heran. Immer von neuem machte er Preussen das Anerbieten, sich mit ihm zu alliiren, um gegen Abtretungen deutschen Grenzgebiets in Deutschland nach Belieben schalten zu können. Immer von neuem fand er bei Preussen im Grunde dieselbe unbedingte Sprödigkeit. Nach dem grossen Aufschwunge dieser Macht und der Auflösung des bisherigen deutschen Bundes schwankte er, ob er die hierdurch zunächst herbeigeführte neue Situation, insofern sie die Zersplitterung Deutschlands in drei Theile (Oesterreich, den norddeutschen Bund und die Südstaaten) enthielt, als Erfüllung seines Programms auslegen und ausgeben [20]) oder aber sich ihr widersetzen solle. Die erstere Politik, zu der er persönlich aus besserer Einsicht hinneigte, glaubte er dem französischen Volke nur dann annehmbar machen zu können, wenn er dabei eine einigermassen ansehnliche Compensation für Frankreich gewönne. Da ihm beides nicht gelang, stürzte er sich endlich in den verhängnissvollen Kampf. Freunde wie Feinde drängten ihn fast in gleichem Masse hinein; diese tadelten ihn laut, dass er die Machtstellung Frankreichs preisgebe, jene machten ihn darauf aufmerksam, dass sein Prestige in raschem Erbleichen begriffen sei.

[20]) Diese Theorie von den »trois tronçons«, in welche Deutschland durch den Prager Frieden zerfallen sei, vertrat besonders Rouher im gesetzgebenden Körper (März 1867).

II.

Wie man überhaupt bemerkt hat, dass Louis Napoleon, zur Gewalt gelangt, die von ihm in seiner Jugend theoretisch formulirten Ideen so treu wie möglich in die Praxis zu übersetzen suchte[21]), so that er es auch in Bezug auf die Stellung zu Preussen. Noch als Präsident der Republik schickte er einen seiner allernächsten Vertrauten, Persigny, mit dem Antrage einer Allianz nach Berlin. Als gemeinsames Ziel wurde die Bekämpfung der Machtstellung Oesterreichs in Deutschland und Italien und die nationale Constituirung dieser beiden Länder empfohlen. Frankreich, versicherte Persigny, denke dabei an keinen materiellen Vortheil für sich oder, wie er offenherziger hinzufügte, doch nur an einen unbedeutenden Gewinn, wie Savoyen oder Landau, falls die öffentliche Meinung sich ohne einen solchen nicht befriedigen lassen sollte. Es stand jedoch sowohl nach dem Charakter und der Gesinnung König Friedrich Wilhelm's IV. wie nach der damaligen Lage Preussens von vornherein fest, dass diese Vorschläge nicht die geringste Aussicht auf Gehör hatten.

---

[21]) H. v. Treitschke wies darauf hin, dass in der Einleitung zur Verfassung vom 14. Januar 1852 die Hauptsätze aus den Schriften des Prätendenten fast wörtlich wiederkehren (Frankreichs Staatsleben und der Bonapartismus).

Es zeugte, wie man mit Recht bemerkt hat, von grosser
Unkenntniss der Verhältnisse am preussischen Hofe, dass
solche Anerbietungen überhaupt gemacht wurden[22].
Verschiedenere Anschauungen als diejenigen Friedrich
Wilhelm's IV. und Louis Napoleon's liessen sich schwer
denken. Der Sohn Luisens verabscheute in seinem Innern
den Erben Napoleon's, der Legitimist und Romantiker
den Erben der Revolution. Er war voll Misstrauen in
seine Pläne. Es fiel dem Könige sehr schwer, den
Staatsstreich und dann den neuen Kaiser Napoleon an-
zuerkennen, besonders die Ziffer III, die einen offenen
Trotz und Hohn gegen die Verträge von 1814 und
1815 involvirte. Er machte verschiedene erfolglose
Versuche, um eine Quadrupelallianz, sei es mit den anderen grossen Continentalmächten und England, sei es mit
England, Holland und Belgien behufs einer feierlichen Ge-
währleistung der bestehenden Verträge und Grenzen gegen
das wiedererstandene französische Kaiserreich zu Stande
zu bringen[23] — Versuche, welche gleich vielen andern
zeigen, dass der König mehr in einer subjectiven Welt des
Gefühls, der Phantasie und der historischen Reminiscenzen
als in der Realität der Dinge lebte. — Als Schiller im Mai
1804 in Berlin war und an eine Uebersiedlung dorthin
dachte, warf er die Frage auf, ob er vielleicht den ge-

---

[22] H. v. Sybel, Napoleon III, S. 552—555 (nach mündlicher
Mittheilung des Generals v. Radowitz, gegen welchen Persigny sich
hauptsächlich öffnete). — Geffcken a. a. O. S. 84.
Nach Sybel fielen diese Verhandlungen erst in die Zeit kurz
vor dem Staatsstreich, was aber wohl nicht richtig ist. Jene Sendung Persigny's scheint vielmehr schon ins Jahr 1850 zu gehören.
[23] L. v. Ranke, Aus dem Briefwechsel Friedrich Wilhelm's IV.
mit Bunsen, 2. Aufl. S. 185—193. Ders., Allgem. Deutsche
Biographie VII, 774.

schichtlichen Unterricht des damaligen Kronprinzen würde
übernehmen können, falls Johannes von Müller der Be-
rufung nach Berlin als Historiograph nicht folgen sollte. Er
fügte hinzu, die tiefe Gelehrsamkeit J. v. Müller's könnte
eine Trockenheit in den Unterricht bringen, welche bei
der Unterweisung von Fürsten ebenso zu vermeiden sei
wie das Romantische[24]). Diese Aeusserung Schiller's
erscheint wie eine unwillkürliche prophetische Warnung,
wenn man an die spätere Geschichte des hohen und edlen
Zöglings denkt, von dem die Rede war. —

Der Eintritt der orientalischen Verwickelungen war
sehr geeignet, Preussen, dessen günstige Chancen nicht
leicht ganz zu verscherzen waren, alsbald wieder aus
seiner damaligen demüthigenden Lage zu befreien, zumal
er Oesterreich und Russland mit einander entzweite. Das
Berliner Cabinet aber schwankte nun zwischen diesen beiden
Mächten hin und her, in der Weise, dass das Ministerium zu
gemeinsamem Handeln mit Oesterreich neigte, während
eine mächtige Hofpartei auf das entschiedenste das Interesse des russischen Czaren begünstigte. Ein Glück jedoch
für die Zukunft, dass das bedeutendste Mitglied der conser-
vativen Partei sich unter diesen Verhältnissen in einen
entschlossenen Gegner der Suprematie Oesterreichs in
Deutschland verwandelte. — So war Preussens Ansehen
nach dem Krimkriege noch mehr gesunken, seine
Grossmachtstellung noch entschiedener in Frage gestellt.
In dieser Zeit zeigte Napoleon III. gegen diesen Staat
eine wohlwollende Haltung, sowohl bei der Zulassung
zum Pariser Friedenscongress wie in der leidigen Neufchâteller Angelegenheit. »Um gerecht zu sein«, äusserte
ein hochgestellter preussischer Hofmann 1857 in ver-

---

[24]) Palleske, Schiller's Leben und Werke II. 396.

traulichem Gespräch [25]), »muss man sagen, dass der Kaiser Napoleon es allein ehrlich mit uns gemeint. Oesterreich und Russland haben uns verlassen. Er hat uns zum Pariser Congress eingeladen, er ist in der Neufchâteller Angelegenheit uns ein treuer Beistand gewesen. Es wäre vielleicht Manches besser für uns geworden, wenn wir seinem Rathe gefolgt.« Man hatte sogar von einem Besuche geflüstert, welchen der Kaiser der Franzosen in Berlin zu machen beabsichtige. Im Mai 1857 sandte er wenigstens seinen Vetter, den Prinzen Napoleon. Der Prinz verhandelte auch mit dem damaligen Ministerpräsidenten von Manteuffel. Der Inhalt dieser Verhandlung ist meines Wissens bisher nicht bekannt geworden. Um so genauer sind wir über den äusseren Hergang jenes Besuchs des Prinzen Napoleon am preussischen Hofe unterrichtet, durch die Feder eines hohen Offiziers, welcher demselben zum Ehrendienst beigegeben war und den Verlauf jener Tage als scharfer und feiner Beobachter geschildert hat [26]). Dieser Verlauf war ein ziemlich peinlicher. Der Prinz seinerseits verleugnete nicht den ungewöhnlich intelligenten und kenntnissreichen Mann. Auch zeigte er, obschon in seinem Benehmen nicht besonders gewandt oder verbindlich, dass es ihm an Takt nicht fehle. Als er an der Seite Friedrich Wilhelm's IV. an der Friedrichsstatue vorbeireitend, vor dem Standbilde des grossen Königs den Hut abzog, erhob sich sogar ein Beifallsgemurmel unter der Menge. Aber dem Hofe

---

[25]) Der Oberstkämmerer und Generalfeldmarschall Graf Dohna zu Herrn v. Brandt (Deutsche Rundschau I. 1874, S. 427).

[26]) Prinz Napoleon am königlichen Hofe zu Berlin. Aus den Denkwürdigkeiten des Generals v. Brandt. Deutsche Rundschau a. a. O. S. 426—437.

war der Besuch und die Persönlichkeit des Gastes unwillkommen und man enthielt sich selbst nicht, ihn diese Abneigung ziemlich deutlich merken zu lassen[27]. Mit französischer Feinheit meinte einer der Begleiter des Prinzen: »Der Prinz scheint sich nicht sehr zu bemühen, dem Könige zu gefallen« (Le prince paraît fort peu empressé de plaire au roi), was heissen sollte: der König scheint an dem Prinzen wenig Gefallen zu finden.

---

[27]) Mehr Sinnesverwandtschaft als bei den Lebenden begegnete der in politischer wie religiöser Beziehung radikal gesinnte Prinz bei dem todten Voltairianer, der einst auf dem preussischen Thron gesessen hatte. Folgende Strophe der Ode Friedrich's des Grossen auf den Ruhm:

> *Sors des cendres, Rome païenne,*
> *Viens te reproduire à mes yeux;*
> *Va confondre Rome chrétienne*
> *Et ses prêtres ambitieux;*
> *Du sein de ta vertu féconde*
> *Oppose les vainqueurs du monde*
> *A tous ces prêtres imposteurs,*
> *A tous ces frauduleux pontifes,*
> *Qui sur des livres apocryphes*
> *Fondent leur culte et leurs erreurs*

(Oeuvres de Frédéric le Grand XI, S. 87 f.)

fand seinen ganzen Beifall und er liess sie sich abschreiben. S. ebd. S. 431—432.

III.

Ganz anders gestalteten sich die Verhältnisse nach
dem Regierungswechsel, welcher in Berlin mit der Ueber-
nahme der Regentschaft durch den Prinzen von Preussen
eintrat. Schon bald danach kam der Moment, in welchem
Preussen Napoleon III. zum ersten Mal ernstlich un-
bequem wurde und in dem sich zuerst die Gefahr eines Zu-
sammenstosses zwischen dem zweiten französischen Kaiserreich und Deutschland zeigte. Es war dem Kaiser Napoleon
höchst ungelegen, dass an die Spitze Preussens gerade
damals, vor dem italienischen Kriege, ein neuer Regent
und ein neues Ministerium getreten waren — natürlich
nicht wegen der sehr gemässigt liberalen Grundsätze,
welche diese Regierung im Innern repräsentirte, sondern
wegen der damit verbundenen Veränderung in Preussens
Stellung nach aussen. Der Berliner Hof stand jetzt nicht
mehr unter dem Einflusse des russischen wie früher.
Russland aber war damals Napoleon's III. Verbündeter
und begleitete ihn Oesterreich gegenüber mit seinen ent-
schiedenen Sympathien. Der Kaiser hegte allem An-
schein nach die Meinung: wenn die Verhältnisse die
früheren geblieben wären, so würde der Wille Russlands
hingereicht haben, Preussen auf alle Fälle eine Parteinahme für Oesterreich zu verbieten. Da diese Situation
nicht mehr bestand, suchte er Preussen durch verschiedene

Mittel an einer solchen Parteinahme zu verhindern und
für seine Sache zu gewinnen. Cavour, der die Freundschaft Preussens stets herzlich wünschte und Novara und
Olmütz für Niederlagen desselben Prinzips erklärte, sandte
im Winter 1858/59 im Einverständniss mit dem Kaiser
einen Specialbevollmächtigten, den Marchese Gioachino
Pepoli, einen Verwandten der Bonapartes und des
Fürsten von Hohenzollern-Sigmaringen, des damaligen
Hauptes des preussischen Staatsministeriums, an den
letzteren. Der Marchese ging über Paris und Napoleon
gab ihm jene charakteristische Note vom December 1858
mit, welche vor nicht langer Zeit veröffentlicht wurde
und dann die Runde durch die Zeitungen machte [28]).
Der Kaiser behauptet darin, dass Frankreich seit zehn
Jahren — d. h. seit dem Zeitpunkte, in welchem er zur
Gewalt gelangt war — eine markirte Vorliebe für Preussen,
im Gegensatz gegen die andere deutsche Grossmacht gezeigt habe [29]). Er schmeichelt Preussen mit der Aussicht, unter Frankreichs Beistand den Einfluss des ge-
schwächten Oesterreich in Deutschland zu erben. Unmittelbar neben diesen Liebkosungen geht jedoch die
unverblümte Drohung: wenn Preussen sich auf Oesterreichs Seite stellen und diesem seine italienischen Pro-
vinzen garantiren sollte, die Verträge von 1815 als auf-

---

[28]) Nationalzeitung 1880, Nr. 611, 612. Massari, Cavour,
übers. von Bezold. S. 214—221, 267.

[29]) Im Februar 1855 äusserte Napoleon III. zu dem preussischen General v. Wedell: »Ich bin, als ich Präsident war, immer
mehr für Preussen als für Oesterreich gewesen. Jetzt haben die
Sachen sich etwas geändert. Um Ihnen zu beweisen, dass es wirklich so war, hatte ich, als 1850 der Krieg mit Oesterreich aus-
brechen sollte, Truppen an die Grenze geschickt, um Preussen im
Nothfall zu unterstützen.« (Geffcken a. a. O. S. 165.)

gehoben anzusehen und, auf Russland gestützt, Deutschland den Krieg zu erklären.

Die Verhandlungen zwischen dem Marchese Pepoli und dem Fürsten von Hohenzollern, welche in Düsseldorf geführt wurden, blieben wiederum so resultatlos wie ehemals die Sendung Persigny's. Ueberhaupt herrschte damals in Deutschland eine dem Kaiser Napoleon sehr ungünstige Stimmung vor. Er selbst aber erscheint selten so aufgeregt und leidenschaftlich, seine Sprache nicht oft so hochfahrend wie damals. Er hatte sich in den Argwohn hineingeredet, dass sich eine Ligue der Coburger, des belgischen Königs Leopold, des Prinzen Albert und des Herzogs von Coburg-Gotha, gegen ihn gebildet habe. Auf diese Ligue glaubte er alle Hindernisse zurückführen zu müssen, welche sich seiner Politik in Deutschland entgegenstellten und die er durch seine ungeschickten Drohungen zu beseitigen dachte. So benutzte er eine Unterredung mit einem Agenten des Königs der Belgier, um seinem ganzen Unwillen über die in Preussen eingetretene Veränderung in einer auffallend masslosen Weise Luft zu machen. Während des Krimkrieges würde dieser Ministerwechsel ganz recht gewesen sein; jetzt dagegen sei er ganz »dumm«, denn er genire seine Freunde, die Russen [30]). Als ob es der Krone Preussen obgelegen hätte, ihre Ministerien nach dem jedesmaligen Interesse des Kaisers der Franzosen zusammenzusetzen! Auch der Königin von England gegenüber sprach Napoleon in einem Briefe vom 14. Februar 1859 seine Erbitterung über Deutschland aus. Dasselbe scheine geneigt, einem Bündniss gegen Frankreich beizutreten und diesem die berechtigtste Action zu verwehren. Als Mann wie als

---

[30]) Martin a. a. O. IV, 360—361, 368.

Herrscher fühle er sich tief dadurch verletzt, dass man so leichtfertig Zweifel an seiner Mässigung aufwerfe und die Beschuldigung des Ehrgeizes gegen ihn schleudere. Er könne nicht verhehlen, dass diese Haltung Deutschlands ihn sehr nachdenklich mache und ihm eine grosse Gefahr für die Zukunft zu enthalten scheine. Indessen alle diese Einschüchterungsversuche waren verschwendet, wie sie denn auf einer Unterschätzung der Stärke Preussens und der Festigkeit seiner Regierung beruhten. Das Preussen des Prinzregenten hatte wenigstens die volle Selbständigkeit seiner Politik wiedergewonnen und die Avancen, welche Napoleon ihm gemacht, nur dazu dienen können, die letzten Zweifel an den kriegerischen Absichten des Kaisers zu zerstreuen. Ein Brief des Prinzregenten an den Prinzen Albert (vom 2. Februar jenes Jahres) — grundverschieden von der geistreich phantastischen Weise, in der einst Friedrich Wilhelm IV. an die Königin Victoria zu schreiben pflegte — entwickelt mit nüchterner Umsicht alle Chancen, welche Preussen bei der damaligen Constellation lief; auch die, dass Oesterreich etwa ohne Hülfe Preussens und Deutschlands über das francosardinische Bündniss Sieger bliebe. »Wie stiegen dann,« heisst es in dem Briefe, »Oesterreichs Actien in der Welt und vor allem in Deutschland! Kann dies Preussen gleichgültig sein?« Die fremden Diplomaten bekamen von dem Regenten, wie er selbst schreibt, stets nur die eine Antwort zu hören: »Wer unnütz provocirt, wird so leicht keinen Alliirten finden.« Auch die Pression, welche Russland im Einverständniss mit Frankreich auf Preussen zu üben versuchte [31]), blieb wirkungslos. Dies musste um so mehr der Fall sein, als das

---

[31]) Proben davon bei Sybel a. a. O. S. 581.

Petersburger Cabinet bald selbst den Geschmack an der
revolutionären Politik seines Verbündeten verlor.
Der Ausgang des italienischen Krieges schien die
Gefahren für Preussen und Deutschland zu steigern.
Preussen hatte den Erfolgen Napoleons Einhalt geboten,
ohne dafür im geringsten den Dank Oesterreichs zu ernten.
Im Frühjahr 1860 traten die französischen Gelüste nach
der Annexion des linken Rheinufers, mindestens der Pfalz
und des Saargebiets, deutlich hervor. Ein Pamphlet
»L'empereur et la Prusse« erschien, in welchem der Rhein
als Frankreichs Grenze gefordert und Preussen dagegen
empfohlen wurde, die deutschen Kleinstaaten zu absor-
biren. Im englischen Cabinet hatte man aus allen Be-
richten die Ueberzeugung gewonnen, dass französische
Agenten eifrige Versuche machten, Rheinpreussen zu
unterwühlen. Wo möglich wollte Napoleon III. die Annexion auf friedlichem Wege herbeiführen. Weitgehende
Combinationen, die das möglich machen sollten, wie die
Ueberweisung der Donaufürstenthümer an Oesterreich
u. s. w., beschäftigten wieder seine Phantasie. Endlich
jedoch entschloss er sich, die durch diese Gelüste hervor-
gerufene Beunruhigung wieder zu zerstreuen. Er regte
zu diesem Zweck die Zusammenkunft mit dem Prinzregenten von Preussen in Baden-Baden an, welche im
Juni 1860 stattfand. Da ihm der Prinzregent jedoch hier
von den Königen der anderen deutschen Königreiche und
anderen deutschen Fürsten umgeben gegenübertrat, so
war es klar, dass die vollkommene Integrität des deutschen Bodens, wie die Voraussetzung, so auch das Ergebniss dieser Zusammenkunft sein musste. Napoleon
hatte nichts zu thun, als seine Rheingelüste auf das
formellste zu dementiren. Er gönnte sich nur die Genugthuung, die deutsche Presse für den ganzen Lärm verant-

wortlich zu machen; dass die Sprache der französischen
Presse mindestens ebensoviel Schuld daran trug, wollte
er nicht zugestehen. Mit anderen Worten, diese Zusammenkunft in Baden-Baden darf als die erste vollständige
Niederlage betrachtet werden, welche Napoleon III. durch
den späteren König und Kaiser Wilhelm erlitt. Prinz
Albert, welcher durch den Prinzregenten über die dor-
tigen Vorgänge authentisch unterrichtet wurde, würdigte
diese Bedeutung des Ereignisses in sehr zutreffender
Weise. »Der Prinzregent,« schrieb er darüber an Stockmar,
»scheint sich ganz vortrefflich benommen zu haben. Er
hat mir Copien seiner Noten über die Besprechungen
mitgetheilt, und nichts kann gerader, offener und edler
sein als sein Auftreten. Eine Waffe, die doch noch gegen
die Hinterlist, Lüge und Schurkerei die einzige ist, auf
die man bauen kann« [32]). Man könnte sich fast versucht
fühlen, diese gegen Napoleon III. allerdings harten Worte
als Motto über die ganze Geschichte des Kampfes jener
beiden mächtigen Gegner zu setzen.

Bei dem Misserfolge, den sich Napoleon in Baden-
Baden geholt, ist es sehr begreiflich, dass die Spannung
mit Preussen durch die dortige Zusammenkunft nicht gehoben war. Die Rede des Kaisers vom 4. Februar 1861

---

[32]) Martin, Leben des Prinzen Albert V, 140. Diesem Werke
verdanken wir die oben benutzten authentischen Nachrichten über
die Zusammenkunft in Baden-Baden.

Taxile Delord, Hist. du second empire (III, 133—135, IV,
58—59) erzählt, dass Herr v. Bismarck, damals Gesandter in
Petersburg, sich ebenfalls in Baden-Baden befunden und gesucht
habe, den Prinzregenten zum Eingehen auf die Pläne Napoleons III.
zu bestimmen. Auch von Unterhaltungen zwischen Herrn v. Bismarck und dem Kaiser Napoleon ist dort die Rede. Ob diese An-
gaben irgendwie begründet sind, ist mir nicht bekannt.

an die Senatoren und Deputirten schloss mit einer Aufforderung zum Vertrauen in die Zukunft: eine Nation
von vierzig Millionen könne ebenso wenig wider ihren
Willen in Verwicklungen hineingezogen als durch Drohungen gereizt werden. Diese Phrase richtete sich gegen
gewisse Aeusserungen des neuen Königs von Preussen
nach seiner Thronbesteigung [33]) und war auf Persigny's
Rath noch gemildert worden. Erst der Besuch, welchen
König Wilhelm im October 1861 dem französischen
Kaiserpaare in Compiegne abstattete, bezeichnete, obschon
er nicht eigentlich politischer Natur war, eine entschiedene Wendung und gegenseitige Annäherung. Beide
Monarchen gedenken dieses Besuchs in ihren Thronreden
vom nächsten Jahre mit vieler Höflichkeit und Herzlich-
keit wie einer Thatsache, welche ein freundschaftliches
Verhältniss beider Völker angebahnt habe. »Meine Be-
gegnung mit dem Kaiser der Franzosen im Laufe des
verflossenen Herbstes,« sagte der König, »hat nur dazu
beitragen können, die bereits bestehenden freundnachbar-
lichen Beziehungen zwischen unseren beiderseitigen
Staaten noch günstiger zu gestalten« [34]). Wie ein ge-
fälliges Echo dieser Worte klingen diejenigen des Kaisers
bei Eröffnung der gesetzgebenden Körperschaften [35]):
»Der König von Preussen hat sich bei seinem Besuche
in Frankreich persönlich von unserem Wunsch überzeugen
können, uns näher an eine Regierung und an ein Volk
anzuschliessen, welche sicher und ruhig auf der Bahn
des Fortschritts wandeln.« (Le roi de Prusse, en venant

---

[33]) In dem Erlass »An Mein Volk« vom 7. Januar und der
Thronrede vom 14. Januar 1861.
[34]) Thronrede bei Eröffnung des Landtags am 14. Januar 1862.
[35]) 27. Januar.

en France, a pu juger par lui-même de notre désir de nous unir davantage à un gouvernement et à un peuple qui marchent d'un pas calme et sûr vers le progrès.) Diese Anerkennung des gemässigt liberalen Regiments in Preussen steht in einem interessanten Contrast mit dem früheren unbändigen Zorn über die Entlassung des Ministeriums Manteuffel.

Die weitere Entwicklung dieser Verhältnisse knüpft sich hauptsächlich an die schleswig-holstein'sche Angelegenheit[36]). Der Erbprinz Friedrich von Augustenburg selbst suchte den mächtigen fremden Herrscher unmittelbar in diese Frage hineinzuziehen und sich der Unterstützung desselben zu versichern, durch einen Brief[37]), welcher auch wegen seiner Form Tadel hervorgerufen hat. Der Prinz suchte Napoleon III. namentlich bei dem Nationalitätsprinzip zu fassen, welches der Kaiser proklamirt und so glorreich verfochten habe. Napoleon's

---

[36]) Des vom Kaiser von Oesterreich berufenen Frankfurter Fürstentages gedenkt das Exposé de la situation de l'empire vom November 1863 in freundlicher und sympathischer Weise, obschon nicht ohne Vorbehalt. (D'autres soins, d'ailleurs, occupent l'Allemagne. Les souverains réunis à Francfort ont donné la plus haute sanction aux efforts tentés pour modifier le régime intérieur de la confédération, en s'associant eux-mêmes à l'étude des meilleurs moyens d'y parvenir. Tout ce qui peut contribuer au développement et au bonheur d'un grand pays voisin, avec lequel nous entretenons les meilleurs rapports, ne peut nous être indifférent. Nous suivons donc ces tentatives avec une attention amicale, dans le désir de voir l'Allemagne en retirer les avantages qu'elle s'en promet et qu'elle saura concilier avec les intérêts européens et les droits internationaux qui se rattachent à la constitution de la confédération germanique.) Aegidi und Klauhold, Staatsarchiv V, 445 no. 917.

[37]) Datirt aus Gotha, vom 2. December 1863.

Antwort[38]) verleugnet dies Prinzip denn auch nicht: »wenn ich für die italienische Unabhängigkeit gekämpft, wenn ich meine Stimme zu Gunsten der polnischen Nationalität erhoben habe, so kann ich in Betreff Deutschlands nicht andere Gefühle hegen oder anderen Grundsätzen folgen.« Im Uebrigen ist die Antwort, wie zu erwarten, ausweichend, wenn auch eher ermuthigend. Die Grossmächte seien durch den Londoner Vertrag gebunden und nur eine Vereinigung derselben könne die Frage lösen. Auch in diesem Betracht müsse der Kaiser es lebhaft beklagen, dass England den von ihm vorgeschlagenen Congress abgelehnt habe. Dänemark möge wohl auch nicht frei von Schuld sein, aber die Bundesexekution in Holstein sei als voreilig zu bedauern, und wenn das kleine nordische Reich durch mächtige Nachbarn unterdrückt werden sollte, so würde die öffentliche Meinung in Frankreich sich wieder auf seine Seite schlagen. Am Schlusse spricht der Kaiser den Wunsch aus, dass die Rechtsansprüche des Prinzen vom Bundestage geprüft und das Ergebniss dieser Prüfung dann den Signatärmächten des Londoner Protokolls unterbreitet werden möchte, auf dass »das Nationalgefühl, welches sich in Deutschland so energisch ausspreche, unter allgemeiner Zustimmung eine berechtigte Genugthuung empfange«.

In der That war es nicht der Erbprinz von Augustenburg, den Napoleon III. in der schleswig-holstein'schen Frage begünstigte, sondern Preussen. Wir erinnern uns, dass und warum der Kaiser eine Arrondirung Preussens im Norden nicht nur nicht scheute, sondern sogar wünschte. Sie schien ihm gleichsam eine Voraussetzung für die Vergrösserung seines eigenen Reichs am

---

[38]) Vom 10. December.

Rhein. Ueberdies war Holstein als ein zu diesem Behuf geeignetes Object von ihm schon längst ins Auge gefasst worden. Schon im Sommer 1857, als er einmal mit Lord Palmerston die Frage der skandinavischen Union besprach, hatte er in Aussicht genommen, dass Holstein an Preussen fallen solle. Er war erfreut, seine Besorgniss, dass England sich einem solchen Arrangement wegen der Bedeutung des Kieler Hafens widersetzen möchte, durch Palmerston nicht bestätigt zu finden [39]). Nun wussten wir, dass Napoleon trotz dem Andringen von England, sich Dänemarks energisch anzunehmen, sein Schwert ruhig in der Scheide liess. Man konnte ferner aus einem späteren Zeugniss des norddeutschen Bundeskanzlers entnehmen, dass Napoleon's Politik in dieser Frage noch weit freundschaftlicher gegen Preussen gewesen ist, als es das Publikum seiner Zeit erfuhr; denn der Bundeskanzler spricht in einer Depesche vom 29. Juli 1870 [40]) von der Haltung, welche Frankreich — wenn auch mit eigennützigen Hintergedanken — zu Preussens Gunsten in dem deutsch-dänischen Streite beobachtet habe. Wie weit jedoch diese Gunst und das damalige Einverständniss zwischen beiden Mächten ging, haben wir erst durch Sybel's aus archivalischem Material geschöpfte Mittheilungen [41]) nicht ohne Erstaunen erfahren.

---

[39]) Anders dachte Prinz Albert. Er war gegen die Annexion Holsteins an Preussen und für die Aufrechthaltung der demselben gewährleisteten Verbindung mit Schleswig. Leben des Prinzen Albert IV, 114.

[40]) An die Vertreter des norddeutschen Bundes bei den damals neutralen Staaten. Vgl. auch die unten angeführte Rede des Grafen Bismarck über die Annexion Schleswig-Holsteins im Abgeordnetenhause am 20. December 1866.

[41]) A. a. O. S. 608 ff.

Schwer verdrossen über England und Oesterreich, welche ihn in der polnischen Frage Russland gegenüber im Stich gelassen und dadurch einer empfindlichen diplomatischen Niederlage ausgesetzt, die ferner seinen Plan eines europäischen Congresses durchkreuzt hatten, suchte sich Napoleon III. im November 1863, gerade in den Tagen, als König Friedrich VII. von Dänemark starb, Preussen in die Arme zu werfen. Mindestens zum dritten Male und lebhafter als je forderte er es auf, mit Frankreichs Beistand seine Macht zu erweitern und die Suprematie in Deutschland zu erringen. Damals war es, wo der Kaiser zu dem preussischen Gesandten in Paris sagte: »Mein Wunsch wäre, mich mit euch über grössere Dinge zu verständigen. Ich habe nichts von euch zu begehren, ihr aber könnt euch nicht verbergen, dass euere jetzige Lage unerträglich ist; ihr habt eine Menge kleiner Staaten um euch herum, die euch bei jedem Schritte hindern und lähmen« — wo sein Minister gegen denselben Gesandten äusserte: »Habt ihr uns jetzt etwas ins Ohr zu sagen, so seid sicher, dass wir aufmerksam zuhören werden.« Auf der Londoner Conferenz von 1864, welche allerdings zu keinem Resultat führte, gingen beide Mächte nach einem unter einander vereinbarten Programm vor. Frankreich wollte weder die Personalunion Schleswig-Holstein's mit Dänemark noch die Bildung eines selbständigen Staates unter augustenburgischem Scepter, sondern die Annexion der Herzogthümer an Preussen, nur mit dem Vorbehalt, dass die Bevölkerung um ihre Zustimmung befragt werde und dass Nordschleswig bei Dänemark bleibe.

Dies hinderte indessen nicht, dass das Tuileriencabinet auf eine andere Bahn abschwenkte, als ihm Preussens Erfolge zu gross wurden und die Aussicht,

wenigstens Nordschleswig für Dänemark zu retten, sich
ebenso trübte wie die Hoffnung, aus diesen Verwickelungen einen Bruch Preussens mit Oesterreich hervorgehen
zu sehen. Bei den Wiener Friedensverhandlungen (August
1864) suchte man die Härte der Bedingungen für Dänemark zu mildern und war mit dem Ergebniss nichts
weniger als einverstanden. In dem den gesetzgebenden
Körperschaften vorgelegten Exposé vom Februar 1865
ist diese Unzufriedenheit sehr deutlich ausgesprochen und
selbst die Befürchtung nicht zurückgehalten, dass aus der
Angelegenheit der Herzogthümer noch schwere europäische
Verwickelungen entstehen könnten — offenbar eine an
Preussen gerichtete Warnung. Man war bereits so weit
gekommen, dass man nun doch noch lieber die augusten-
burgischen Ansprüche erfüllt gesehen hätte. Daher begegnete die Convention von Gastein der schärfsten Ver-
urtheilung[42]. Ein Rundschreiben des Ministers Drouyn
de Lhuys[43] brandmarkte diese Convention in den
stärksten Ausdrücken als einen Akt der Willkür und Gewalt, der sich mit gleicher Rücksichtslosigkeit über die
Verträge, das Erbrecht und die Wünsche der Bevölkerung
hinwegsetze und nur in den schwärzesten Perioden der
Geschichte seinesgleichen finde. Deutschland habe ein
untheilbares Schleswig-Holstein unter dem Herzoge von

---

[42]) In der bereits erwähnten Depesche vom 29. Juli 1870
führt der Kanzler des norddeutschen Bundes die damalige Ver-
stimmung Frankreichs darauf zurück, dass dasselbe aus dem Ga-
steiner Vertrage die Besorgniss einer dauernden Befestigung des
preussisch-österreichischen Bündnisses geschöpft habe, welche es um
die Früchte seiner früheren Haltung bringen könnte, während es
schon damals auf den Ausbruch des Krieges zwischen Preussen und
Oesterreich rechnete.

[43]) Vom 29. August 1865.

Augustenburg gewollt: jetzt würde dieser volksthümliche
Candidat bei Seite. geschoben und die beiden Herzogthümer auseinandergerissen. Ganz ähnlich drückte sich
eine Note Lord John Russel's [44]) aus. Es war eine förm-
liche Demonstration der Westmächte, wenn auch nichts
weiter.

Wenige Monate später erfolgte der vielbesprochene
Besuch des preussischen Ministerpräsidenten in Biarritz,
der einen für beide Theile befriedigenden Verlauf nahm.
Der Kaiser scheint nun die Ueberzeugung gewonnen zu
haben, dass die von ihm stets gewünschte Auseinander-
setzung zwischen Preussen und Oesterreich und Um-
wälzung in Deutschland, aus welcher er seine Vortheile
zu ziehen hoffte, dennoch in der That bevorstehe. Er
war weit entfernt, Preussen von seiner kühnen Politik
abschrecken zu wollen und über das böse Circular wegen
der Convention von Gastein sprach er wiederholt sein
nachträgliches Bedauern aus [45]). Im Uebrigen entziehen
sich die Besprechungen von Biarritz unserer Kenntniss.
Indessen der allgemeine Gedankengang, welchen Graf
Bismarck dem Kaiser entwickelte, lässt sich aus einer
Rede, welche er ein starkes Jahr später, am 20. December
1866, über die Vereinigung Schleswig-Holsteins mit Preussen
im Hause der Abgeordneten hielt, entnehmen:

»Die Interessen Preussens tragen an und für sich
nichts in sich, was uns nicht den Frieden und ein freund-
lich nachbarliches Verhältniss zu Frankreich wünschenswerth machte; wir haben bei einem Kriege mit Frankreich, selbst bei einem glücklichen, nichts zu gewinnen.
Der Kaiser Napoleon, im Widerspruch zu anderen fran-

---

[44]) Vom 14. September 1865.
[45]) Sybel a. a. O. S. 621.

zösischen Dynastien, hat in seiner Weisheit erkannt, dass
Friede und gegenseitiges Vertrauen im Interesse beider
Nationen liege, dass sie von der Natur nicht berufen
seien, sich gegenseitig zu bekämpfen, sondern als gute
Nachbarn die Bahn des Fortschritts in Wohlfahrt und Ge-
sittung mit einander zu wandeln. Zu solchen Beziehungen
mit Frankreich ist nur ein selbständiges Preussen be-
fähigt . . . Ein solches Nebeneinandergehen bedingt eine
wohlwollende gegenseitige Schonung der Interessen beider
Völker. Welches sind nun im grossen Ganzen, ohne den
zufälligen Stoss vorübergehender Ereignisse in Ansatz
zu bringen, die Interessen Frankreichs in Bezug auf
Deutschland? — Es kann für Frankreich nicht erwünscht
sein, dass in Deutschland eine Uebermacht entsteht, wie
sie sich darstellen würde, wenn man sich ganz Deutschland unter österreichischer Leitung geeinigt dächte, ein
Reich von 75 Millionen, ein Oesterreich bis an den Rhein;
selbst ein Frankreich bis an den Rhein würde kein aus-
reichendes Gegengewicht bilden. Es ist für ein Frankreich, welches mit Deutschland in Frieden leben will, ein
Vortheil, wenn Oesterreich an diesem Deutschland nicht
betheiligt ist, indem die österreichischen Interessen mit
den französischen mannigfach collidiren, sei es in Italien,
sei es im Orient. Zwischen Frankreich und einem von
Oesterreich getrennten Deutschland sind dagegen die
Berührungspunkte, die zu feindlichen Beziehungen führen
könnten, viel weniger zahlreich, und dass Frankreich
den Wunsch hegt, zum nächsten Nachbarn einen solchen
zu haben, mit dem es Aussicht hat in Frieden zu leben,
einen solchen, dem 35 oder 38 Millionen Franzosen im
defensiven Kampfe vollständig gewachsen sind, ist ein
natürliches Interesse, das kann man ihm nicht verargen.
Ich glaube, dass Frankreich in richtiger Würdigung seiner

Interessen weder zugeben könnte, dass die preussische Macht noch dass die österreichische verschwände.«

»Welches sind weiter die Interessen Frankreichs bei der europäischen Entwickelung, namentlich unter der jetzigen Dynastie? Es ist die Berücksichtigung der Nationalitäten. Diesem System entsprechend hat Frankreich die dänische Frage von Anfang an aufgefasst; die französische Regierung hat schon auf der Londoner Konferenz und in der Zeit vor und nach ihr eine weniger schroffe Stellung gegen die deutschen Ansprüche Dänemark gegenüber eingenommen, soweit die Ansprüche mit der Idee der Nationalität zusammenfielen. Die vollständige Durchführung des Nationalitäts-Prinzips ist bekanntlich auf der dänischen Grenze ganz unmöglich, weil die Nationalitäten so gemischt sind, dass sich nirgends eine Grenze, die sie vollständig von einander sondert, ziehen lässt; aber es war das Prinzip im Grossen, welches Frankreich vertreten hat und welches Frankreich möglich macht, den deutschen Bestrebungen nicht mit der Schärfe gegenüberzutreten, wie es von andern Mächten geschah.«

IV.

So kam das entscheidende Jahr 1866 heran. Die Thronrede, welche Napoleon III. im Anfange desselben (22. Januar) hielt, bildet gleichsam die Einleitung zu der Periode seines Sinkens und Falles. Diese Rede ist ein wahres Muster von Unaufrichtigkeit oder von Mangel an Voraussicht oder von beiden. Der Friede scheint dem Kaiser überall gesichert, denn überall sucht man die bestehenden Schwierigkeiten auf freundschaftlichem Wege zu lösen![46]) In Mexico befestigt sich die durch den Willen des Volkes begründete Regierung des Kaisers Maximilian![47]) — »In Betreff Deutschlands«, heisst es, »ist es meine Absicht, auch weiterhin eine Politik der Neutralität zu beobachten, welche uns zwar nicht hindert, uns bisweilen zu betrüben oder zu freuen, aber uns doch Fragen fremd bleiben lässt, in welchen unsere Interessen nicht direct engagirt sind«[48]). Das war offenbar ein

---

[46]) A l'extérieur, la paix semble assurée partout, car partout on cherche les moyens de dénouer amicalement les difficultés, au-lieu de les trancher par les armes.

[47]) Au Mexique, le gouvernement fondé par la volonté du peuple se consolide; les dissidents, vaincus et dispersés, n'ont plus de chef.

[48]) A l'égard de l'Allemagne, mon intention est de continuer à observer une politique de neutralité, qui, sans nous empêcher

Nachklang der Besprechungen von Biarritz. Preussen wird nochmals der Wink gegeben, es möge nur vorgehen, Frankreich werde es nicht hindern und neutral bleiben. Der donnernde Zorn über die Convention von Gastein erscheint nur noch als sanft elegische Klage, ohne Bedeutung für Frankreichs praktisches Verhalten. Allein unmittelbar vor dem Ausbruch des Krieges hüllte sich der Kaiser in ein verschlossenes Schweigen, welches geeignet war den Leiter der preussischen Politik zu beunruhigen. Der französische Botschafter in Berlin blieb lange ohne Instructionen und es liess sich von ihm kein sicherer Aufschluss gewinnen. Die anderen französischen Diplomaten in Deutschland führten eine gegen Preussen feindliche Sprache. Ein Offizier, der nach Paris geschickt wurde, um dem Kaiser einen Brief des Königs zu überbringen, erhielt keine Gelegenheit den Kaiser zu sprechen und den Brief zu überreichen. Man erfuhr, dass das französische Cabinet sich bemühe, eine Verständigung zwischen Italien, dem Verbündeten Preussens, und Oesterreich wegen friedlicher Abtretung Venetiens herbeizuführen. Im Mai nahm der Kaiser zwar in jener Rede zu Auxerre Gelegenheit, sich gegen eine Ausführung von Thiers wendend, aufs Neue seinen Abscheu gegen die Verträge von 1815 zu bekunden. Aber am 9. Juni schloss er einen geheimen Vertrag mit Oesterreich, in welchem dieses versprach, für den Fall seines Sieges Venetien abzutreten, unter dem von Napoleon genehmigten Vorbehalt, sich dafür durch die Rückeroberung

---

parfois de nous affliger ou de nous réjouir, nous laisse cependant étrangers à des questions où nos intérêts ne sont pas directement engagés.

Schlesiens zu entschädigen⁴⁹). Dies seltsame Verhalten Napoleons findet, wie namentlich Sybel dargelegt hat, seine Erklärung darin, dass er an das Unterliegen Preussens in dem bevorstehenden Kampfe glaubte und auf alle Fälle die Abtretung Venetiens sicherstellen wollte. Denn nicht ohne die italienische Frage soweit gelöst zu haben und sein 1859 nur zur Hälfte ausgeführtes Wort, dass Italien frei sein müsse bis zum adriatischen Meer, erfüllt zu sehen, glaubte er dereinst ruhig sterben und die Herrschaft in die Hände seines Sohnes legen zu können.

Wie sehr nun auch der Verlauf des Krieges den Erwartungen des Kaisers widersprach und obwohl er bei der Kunde von Königgrätz seinen Thron zittern fühlte: dennoch schien das Ergebniss seine Hoffnungen nicht ganz zu täuschen. Dennoch schien ihm die erhabene Rolle des Schiedsrichters zuzufallen, ohne dass er das Schwert gezogen hatte, und Paris huldigte seinem Erfolge durch eine Illumination. Oesterreich trat Venetien an ihn ab und rief seine Vermittelung in dem Streit mit Italien an, welche dann auch auf Preussen ausgedehnt wurde⁵⁰). Der Prager Friede beruhte auf den von ihm

---

⁴⁹) Nähere Mittheilungen über diesen Vertrag auch bei O. Meding, Memoiren zur Zeitgeschichte II, 43 ff.

⁵⁰) »So lag die Sache, als Frankreich durch die Ereignisse im Juli d. J. in die Lage kam, seine eignen Wünsche mit einem ungewöhnlich starken Gewichte zu accentuiren. — «

»In dieser Lage der Dinge wurde Frankreich von Oesterreich zum Vermittler der Streitigkeiten berufen, also vollkommen legitim durch einen der streitenden Theile berufen, seine Meinung geltend zu machen. Dass Frankreich die Erfordernisse seiner Politik berücksichtigte, kann ihm niemand verdenken; darüber, dass es sie mit Mässigung geltend gemacht hat, ist es, glaube ich, für das

vorgelegten Präliminarien. Diese Präliminarien enthielten
das Ausscheiden Oesterreichs aus Deutschland, die Bildung eines norddeutschen Bundes unter Preussens Füh-
rung, die Einverleibung der Elbherzogthümer in Preussen,
abgesehen von Nordschleswig, wofern dessen Bevölkerung
sich für die Rückkehr unter das dänische Scepter ausspreche. Schien das nicht in der That eine Art Ver-
wirklichung des Programms Napoleons III. von der Drei-
theilung Deutschlands, der Vergrösserung Preussens im
Norden, der Vereinigung der kleineren Staaten (d. h. jetzt
der Staaten südlich vom Main) zu einem besonderen Bunde?
Aber wo blieb die Erstarkung und Erweiterung Frankreichs, die durch alles dies herbeigeführt werden sollte?
Compensationen schienen jetzt um so unerlässlicher, als
Preussen sich nicht mit Schleswig - Holstein begnügte,
sondern auch Hannover, Kurhessen, Nassau, Frankfurt
annectirte und so die Continuität zwischen seinen östlichen
und westlichen Territorien herstellte.

Napoleon hoffte noch, solche Compensationen auf
friedlichem Wege zu erlangen. Verweilen wir jedoch,
ehe wir auf die Verhandlungen darüber eingehen, einen
Augenblick bei der Persönlichkeit, welche dieselben für
ihn zu führen hatte. Es war Benedetti, derselbe Mann,
der einst mit Cavour den Vertrag über die Abtretung
von Nizza und Savoyen abgeschlossen hatte. Benedetti,
welchem die Vertretung Frankreichs am Berliner Hofe
seit dem Herbst 1864 übertragen war, hat sein Buch
»Ma mission en Prusse« geschrieben, um darzuthun, dass

Publikum noch zu früh zu urtheilen, und ich möchte Sie bitten,
dies der Appreciation der Regierung zu überlassen«. Rede des
Grafen Bismarck im Hause der Abgeordneten vom 20. December
1866.

er auf seinem Posten seine Pflicht gethan, die preussische
Politik scharf beobachtet, seine Regierung pünktlich und
genau von jedem Vorgange, jedem Stimmungswechsel
unterrichtet habe. Er wollte sich gegen die zum Theil
frivolen Anklagen seiner Landsleute rechtfertigen, und
man wird zugeben dürfen, dass ihm dies in vieler Hinsicht gelungen ist. Aber dennoch war die Wahl dieses
Mannes unzweifelhaft keine glückliche[51]). Was den Leser
der Berichte Benedetti's am meisten frappirt, ist der
kalte, eisig kalte Hauch, welcher uns aus denselben ent-
gegenströmt. Dieser Corse besass offenbar kein Herz,
keine Spur von Sympathie und schon deshalb kein auch
nur einigermassen tieferes Verständniss für Preussen oder
Deutschland. Von dem Charakter des preussischen Staats
und Volkes kennt er fast nichts als den Ehrgeiz, und die
einzige Gerechtigkeit, welche er den Deutschen gelegent-
lich zu Theil werden lässt, ist die Anerkennung, dass sie
nach so vielen französischen Invasionen einigen Grund
hätten auf ihrer Hut zu sein. Wieviel er von der deutschen Geschichte gewusst haben mag, lässt sich nicht
ersehen; die deutsche Sprache scheint ihm — dem Vertreter einer der ersten Grossmächte auf dem wichtigsten
Posten in Deutschland — jedenfalls fremd gewesen und
geblieben zu sein. Er führt in seinem Buche kaum einige
wenige deutsche Worte an, aber diese gewähren ihm
immerhin ausreichende Gelegenheit, seine Unkenntniss

---

[51]) Rothan lobt Benedetti und sagt in Bezug auf ihn: »La
diplomatie a aussi ses martyrs«, erwähnt aber auch die Gereizt-
heit, welche zu Zeiten, namentlich als die Luxemburger Angelegenheit in ihr kritisches Stadium getreten war, zwischen ihm und
Herrn v. Bismarck bestand (Revue des deux mondes XLVIII, 1881,
S. 81, 92—93, 99).

zu verrathen [52]). Wer dies Buch Benedetti's liest, glaubt mithin vollkommen zu verstehen, was der in dieser Hinsicht competenteste Beurtheiler [53]) von der »Unbekanntschaft der französischen Staatsmänner mit den Grundbedingungen der Existenz anderer Völker« und der Unfähigkeit der französischen Agenten für die Auffassung deutscher Verhältnisse gesagt hat.

Als Benedetti nach dem böhmischen Kriege in den ersten Tagen des August 1866 nach Berlin zurückkehrte, empfing er von seinem Hofe einen Vertragsentwurf, welcher sich nicht auf Vorschläge einer Grenzberichtigung beschränkte, sondern das linke Rheinufer nördlich bis Mainz, diese Festung miteingeschlossen, für Frankreich forderte. Man verlangte die bairische Pfalz und Rheinhessen, sowie auch die preussischen Besitzungen an der Saar, welche in den Grenzen Frankreichs von 1814 eingeschlossen gewesen waren. Preussen sollte sich verpflichten, die Cession jener Gebiete, vorbehaltlich zu leistender Entschädigungen, von Baiern und Hessen zu erlangen und dieselben dann an Frankreich zu überlassen. Ausserdem sollte das preussische Besatzungsrecht in Luxemburg erlöschen. Es unterliegt nicht dem geringsten Zweifel, dass diese exorbitanten Forderungen mit dem persönlichen Wissen und Willen Napoleons III. gestellt wurden. Sie kamen aus Vichy, wo der Kaiser sich damals aufhielt, und zum Ueberfluss hat Drouyn de Lhuys ihm selbst später ins Gedächtniss gerufen [54]), dass er sie

---

[52]) So steht wiederholt »Brünnen Promenade« und einmal »gerüchte« statt gerirte (S. 437—438), obwohl Benedetti den Druck der für ihn so wichtigen Schrift vermuthlich persönlich revidirt hat.

[53]) Graf Bismarck in der mehrerwähnten Depesche vom 29. Juli 1870.

[54]) In einem Briefe vom 12. Oktober 1867.

gelesen, corrigirt und genehmigt hatte. Benedetti hielt
es für gerathen, die erste Aufwallung des preussischen
Ministerpräsidenten über diese Zumuthungen verrauchen
zu lassen, bevor er mit ihm persönlich darüber verhandelte.
Er übersandte dem Grafen Bismarck mit Schreiben vom
5. August eine Copie des Entwurfs, damit er den Inhalt
desselben zunächst in Ruhe prüfen könne: sobald der
Minister den Augenblick für gekommen halten werde,
mit ihm über das Project zu conferiren, stehe er zu seiner
Verfügung. Aber der preussische Staatsmann vermied
jede Verzögerung. Sogleich in den nächsten Tagen gab
er Benedetti Gelegenheit zu Unterredungen — und
ausserdem war schon in der Nacht, nachdem der französische Botschafter ihm die Abschrift des Vertragsent-
wurfs mitgetheilt hatte, der General von Manteuffel
aus seinem Hauptquartier in Frankfurt a. M. nach
Berlin berufen worden und dann sofort nach Petersburg abgereist[55]). Wie Graf Bismarck wiederholt bezeugt hat[56]), suchte Benedetti die ihm aufgetragenen
Forderungen durch Androhung des Krieges im Falle der
Weigerung zu unterstützen. Indessen das war eine leere
Drohung, hinter der keineswegs wirkliche Bereitschaft
und Entschlossenheit zum Kriege stand. Es war un-
fraglich vielmehr ein verzweifeltes Mittel der Angst, die
sonst nichts durchzusetzen fürchtete. Auch glaubte Bene-

---

[55]) Darüber, wie wichtig dies für die Umstimmung des russischen Hofes wurde, der anfangs über Preussens Vergrösserungen
ziemlich bestürzt gewesen war und verlangt hatte, dass Preussen
dieselben erst der Genehmigung einer europäischen Conferenz unter-
breiten müsse, s. Berlin und Petersburg, 2. Aufl., S. 159.

[56]) Depeschen vom 29. Juli u. 10. August 1870; Rede im
Reichstage vom 2. Mai 1871 (Aegidi u. Klauhold, Staatsarchiv
XIX, S. 154, 162, no. 4078, 4082).

detti seine Regierung aus ihren Illusionen reissen zu
müssen. Er erhielt die schon früher nachgesuchte Er-
laubniss, zu mündlicher Besprechung der Lage nach
Frankreich zu kommen und überzeugte den Kaiser jetzt
persönlich, dass nicht nur jene kühnen Forderungen,
sondern auch gemässigtere ähnlicher Art nicht durchzusetzen wären, wenigstens nicht ohne den entschlossensten
Widerstand von ganz Deutschland hervorzurufen. So war
denn der Rückzug zunächst so schnell und vollständig
als der Anlauf keck gewesen war. Er musste angetreten
werden, weil man thatsächlich keine Armee besass, mit
der man den Krieg hätte aufnehmen können. So rächte
sich das Unternehmen, in welches sich Napoleon jenseits
des Oceans in Mexico eingelassen hatte. Es war ein be-
deutsames Zusammentreffen, dass gerade im Juli 1866, bald
nach der in Böhmen gefallenen Entscheidung, die unglück-
liche Kaiserin Charlotte in Frankreich gelandet war. —
Benedetti kehrte mit der Weisung nach Berlin zurück,
die eröffnete Verhandlung einfach zu schliessen. Der
Minister Drouyn de Lhuys, ein Gegner Preussens und
Freund Oesterreichs, sollte als Sündenbock dienen[57]), obwohl der Gedanke jener Forderungen ursprünglich nicht
sowohl von ihm als von Rouher herrührte[58]). Infolge einer Unterhaltung zwischen Benedetti und Bismarck — so schrieb der Kaiser in einem Briefe an
den Marquis von La Valette[59]), in welchem er den

---

[57]) Hiergegen hat er in dem schon erwähnten freimüthigen,
sogar unehrerbietigen Schreiben an den Kaiser vom 12. Oktober
1867 protestirt.

[58]) Sybel S. 634. Nach Drouyn de Lhuys hätte man sich
auf die Forderung beschränken sollen, dass das linke Rheinufer in
einen neutralen Staat verwandelt würde.

[59]) Vom 12. August 1866. Drouyn de Lhuys nahm an diesem

wahren Hergang zu verschleiern suchte — sei Drouyn
de Lhuys auf den Gedanken gekommen (»M. Drouyn de
Lhuys a eu l'idée«), einen Vertragsentwurf in Betreff der
Compensationen, auf welche Frankreich Ansprüche haben
könnte, nach Berlin zu schicken. Von diesem Entwurf,
welcher hätte geheim bleiben sollen, habe man im Auslande Lärm geschlagen und die Zeitungen behaupteten
gar, dass Frankreich die Rheinlande verweigert worden
seien. Es ergebe sich nun aus seiner Unterredung mit
Benedetti, dass Frankreich für den Gewinn eines sehr
kleinen Vortheils ganz Deutschland gegen sich haben
würde. Frankreichs wahres Interesse sei aber nicht, eine
unbedeutende Gebietsvergrösserung zu erlangen, sondern
Deutschland darin zu unterstützen, dass es sich auf die
für die französischen und europäischen Interessen gün-
stigste Weise constituire. — Es schien also, dass man
aus der erlittenen Schlappe etwas gelernt hatte. Es war
der weise Verzicht auf Erwerb deutschen Gebiets, freilich
versüsst durch das unweise Festhalten des Anspruchs,
desto entschiedener einen Einfluss auf die politische Neu-
gestaltung Deutschlands zu üben.

Auch war es nicht der Verzicht auf anderweite
Compensationen. Noch in demselben Monat August 1866
kam es vielmehr zu neuen Verhandlungen ähnlicher Art
zwischen dem französischen Botschafter in Berlin und
dem Leiter der preussischen Politik. Es sind die bekannten Verhandlungen über Belgien[60]). Die Franzosen

Tage seine Entlassung, blieb jedoch noch interimistisch bis zum
1. September.

[60]) Dass diese Verhandlungen nicht erst in das Jahr 1867 fielen,
wie sich Fürst Bismarck später zu erinnern glaubte, muss als von
Benedetti erwiesen gelten. Schon der unten erwähnte Brief Napoleons III. vom 26. August 1866 bezeugt es klar.

haben stets behauptet, dass die Initiative derselben dem
preussischen Ministerpräsidenten zufalle. Schon im Jahre
1865 — so hören wir — sagte der preussische Minister
einem französischen Chargé d'affaires [61]), dass Preussen
Frankreich gern das Recht zugestehen würde, sich eventuell über seine Nachbargebiete französischer Zunge aus-
zudehnen. Denselben Gedanken, hören wir ferner, legte
Graf Bismarck unmittelbar nach der Schlacht von Königgrätz dem nämlichen Herrn im Hauptquartier zu Brünn
in Bezug auf Belgien nahe. Auch schreibt Benedetti
am 26. Juli 1866 an seinen Minister: »Ich werde Ew. Ex-
cellenz nichts Neues sagen, wenn ich Ihnen mittheile, dass
Herr von Bismarck der Ansicht ist, dass wir ein Aequi-
valent in Belgien suchen sollten und dass er mir an-
geboten hat, sich darüber mit uns zu verständigen.« Die
Absicht, die begehrliche Phantasie der Franzosen von
den deutschen Grenzen abzulenken, scheint auf der Hand
zu liegen. So kam es denn nach dem Scheitern jener
Pläne auf das linke Rheinufer zu Verhandlungen über
ein Schutz- und Trutzbündniss zwischen Frankreich und
Preussen auf folgenden Grundlagen [62]): Der Kaiser der
Franzosen erkennt Preussens neue Erwerbungen an und
wird sich einer föderativen Vereinigung der süddeutschen
Staaten mit dem norddeutschen Bunde nicht widersetzen.
Dagegen verpflichtet sich der König von Preussen, Frankreich die Erwerbung von Luxemburg (gegen eine Ent-
schädigung an Holland) zu erleichtern und ihm erforder-
lichenfalls den Beistand seiner Waffen zur Eroberung
Belgiens zu leihen.

---

[61]) Herrn Lefebvre de Béhaine.

[62]) ·Der Entwurf wurde bekanntlich zuerst in der Times vom
25. Juli 1870 von preussischer Seite veröffentlicht (Staatsarchiv
XIX, S. 144 f. no. 4075).

Es ist nicht richtig, wenn von französischer Seite
offiziell behauptet worden ist, dass die dortige Regierung
von einem schriftlichen Entwurf dieses Inhalts niemals
Kenntniss erhalten und der Kaiser diese Anträge, soweit
sie ihm aus den mündlichen Unterhandlungen bekannt
geworden, verworfen, kategorisch zurückgewiesen habe [63]).
Dies zeigt ein Schreiben des Kaisers an Rouher vom
26. August 1866, welches nach dem Sturze des Kaiserreichs in den Tuilerien aufgefunden worden ist. Mit
diesem Briefe schickte der Kaiser den erwähnten Vertragsentwurf nebst seinen Randbemerkungen und der
Weisung zurück, dass Benedetti denselben, vorbehaltlich
einiger Aenderungen, im Prinzip annehmen könne. Welche
Aenderungen dem Kaiser vorzüglich wünschenswerth
schienen, ergiebt der Brief ebenfalls. Die ehemaligen
Bundesfestungen sollten, da der alte Bund aufgehört habe
zu bestehen, an die einzelnen Staaten übergehen, in deren
Gebiet sie sich befänden: Luxemburg an Frankreich (als
den künftigen Besitzer), Mainz (der Kaiser scheint sich
momentan in dem Irrthum befunden zu haben, dass
dies in Preussen liege) an Preussen, Landau an Baiern,
Rastatt an Baden, Ulm an Württemberg. Sodann folgt
eine Frage, welche recht eigentlich des Kaisers innerste
Gedanken verräth: ob es nicht besser wäre, wenn Preussen
das protestantische Königreich Sachsen geradezu annectirte und dafür den katholischen König von Sachsen auf
das katholische linke Rheinufer verpflanzte [64])? Diese Idee

[63]) S. die Note im Journal officiel bei Gramont, La France
et la Prusse avant la guerre S. 295 und die Depesche des Herzogs
von Gramont an den französischen Botschafter in London vom
27. Juli 1870 ebd. S. 296 ff.

[64]) D'un autre côté, je trouve que la Prusse soulève bien des
chicanes à la Saxe. Ne vaudrait-il pas mieux que la Prusse

war allerdings durchaus keine Erfindung Napoleons III.
Schon ein halbes Jahrhundert früher, zur Zeit des Wiener
Congresses, als es sich um die Frage der Einverleibung
Sachsens in Preussen handelte, hatte man solche Gedanken gehegt, und zwar auf preussischer Seite. Das gute
Glück Preussens und Deutschlands hatte sich der Hand
seiner Feinde bedient, um dieselben nicht zur Ausführung
gelangen zu lassen — während Thiers sich später überzeugte, dass diese Combination für Frankreich ganz vor-
theilhaft gewesen wäre, nachdem es nun leider einmal
seine lieben alten Nachbarn (»ces voisins si doux, si com-
modes, si regrettables . . . que nous avions jadis«), die
geistlichen Kurfürsten von Mainz, Köln und Trier, ver-
loren hatte [65]. — Alle diese Bemerkungen, fügt jedoch
der Kaiser in dem erwähnten Briefe an Rouher hinzu,
seien nur in freundschaftlicher Weise im Gespräch zu
berühren. Die dringendste Frage sei die luxemburgische,
welche bald von selbst ans Licht treten werde. Das
hiess allerdings die kühnen Pläne auf Belgien einst-
weilen noch vertagen.

Auch beschloss der Kaiser unterdessen, den Franzosen die Vortheile auseinanderzusetzen, welche die ver-
änderte Lage der Dinge nach seiner Ansicht für Frankreich hatte. In diesem Sinne erliess La Valette als interi-

s'annexât la Saxe, pays protestant, et plaçât le roi de Saxe sur
la rive gauche du Rhin, pays catholique? — Wir kommen noch
darauf zurück, dass dieser Vorschlag in directem Widerspruch zu
Art. 6 des bereits am 23. August abgeschlossenen Prager Friedens
stand.

[65]) Häusser, Deutsche Geschichte IV, 3. Aufl. S. 591. Thiers,
Histoire du consulat et de l'empire XVIII, 565, 582, 639. Diese
Ausführungen von Thiers dürften dem Kaiser bei der betreffenden
Aeusserung vorgeschwebt haben.

mistischer Minister des Auswärtigen auf Napoleons Veranlassung das Rundschreiben vom 16. September 1866. Es kann allerdings nur unser Lächeln erregen, wenn hier die Auflösung des deutschen Bundes als der Zusammenbruch eines furchtbaren Achtzigmillionenreichs begrüsst wird, welches Frankreich mit einem eisernen Gürtel von Festungen umschlossen gehalten habe. Als ein weiteres günstiges Resultat des Krieges wird hervorgehoben, dass die Allianz der drei Ostmächte gesprengt sei. Preussen sei früher nicht compact und unabhängig genug gewesen, um sich von den Traditionen seiner Politik losreissen zu können — d. h. jetzt habe es die Kraft und Selbstständigkeit gewonnen, welche es zu einem Alliirten Frankreichs geeignet mache. Kurz — so lässt sich diese Ausführung etwa in die Gedanken des Kaisers übersetzen — das Werk von 1815 ist vernichtet; ungefähr das Preussen ist da, welches Louis Napoleon schon in seiner Jugend als Verbündeten in Aussicht genommen hatte; die Napoleonischen Ideen feiern einen Triumph. Dann schliesst sich jedoch dieser nicht einmal halbrichtigen Auffassung[66]) eine Reihe wirklich weiser Sätze an, welche dem Kaiser als dem eigentlichen Autor dieses Schriftstücks alle Ehre machen und von denen man nur wünschen möchte, dass sie die Richtschnur seiner Politik geblieben wären: In dem stolzen Gefühl seiner starken Nationalität und Einheit kann Frankreich nicht das Werk der Assimilation, welches sich soeben in Deutschland vollzogen hat, bedauern oder bekämpfen, nicht aus Eifersucht das Nationalitätsprinzip verleugnen wollen,

---

[66]) Dem Leser wird indessen eine gewisse entfernte Analogie derselben mit den von Graf Bismarck in der Rede vom 20. December 1866 entwickelten Ideen (o. S. 32) nicht entgehen.

welches es bekennt und vertritt. Dank der Befriedigung
des deutschen Nationalgefühls wird Frankreich vollends
aufhören, für Deutschland ein Gegenstand der Beunruhigung und Abneigung zu sein. »Indem Deutschland das Beispiel Frankreichs nachahmt —
heisst es wörtlich — thut es einen Schritt, welcher
es nicht von uns entfernt, sondern uns näher
bringt.«[67]) Auch das wird anerkannt, dass die Los-
lösung Oesterreichs aus Deutschland und Italien eine heil-
same Befreiuung für dies Reich sei, welche demselben ge-
statte, seine Kräfte im Osten zu concentriren, statt sie,
wie bisher, in unfruchtbaren Rivalitäten zu vergeuden.
»Durch welch' seltsame Rückwirkung der Vergangenheit
auf die Zukunft«, fährt das Rundschreiben fort, »sollte
die öffentliche Meinung nicht Verbündete, sondern
Feinde Frankreichs in Nationen erblicken, die eine uns
feindliche Vergangenheit abgeschüttelt haben? In Nationen, die zu einem neuen Leben erwacht, von Grundsätzen, welche die unsrigen sind, geleitet, von jenen Ge-
fühlen des Fortschritts beseelt sind, die das friedliche
Band der modernen Gesellschaft bilden?« Die Politik
müsse sich über die engherzigen Vorurtheile einer ver-
gangenen Zeit zu erheben wissen. Der Kaiser sieht die
Grösse eines Landes nicht in der Schwäche seiner
Nachbarn[68]). Das wahre Gleichgewicht Europa's besteht
darin, dass seine Völker zufrieden sind.

---

[67]) Le sentiment national de l'Allemagne satisfait, ses in-
quiétudes se dissipent, ses inimitiés s'éteignent. En imitant la
France, elle fait un pas qui la rapproche et non qui l'éloigne
de nous.

[68]) Vgl. die ähnlichen Aeusserungen Napoleons III. bei Gelegenheit der oben erwähnten Mission des Marchese Gioachino
Pepoli: die Zeit der Kleinstaaten sei vorbei; weit entfernt, die

Es kostet immer eine gewisse Ueberwindung,
den Mann des Staatsstreichs vom December 1851 —
eines der verwerflichsten, zur Untergrabung des Rechts-
bewusstseins geeignetsten Attentate, die jemals gegen
das Recht verübt worden sind[69]) — zu loben. Aber
der Sprache jenes Rundschreibens gebührt der entschiedenste Beifall. Insofern Napoleon III. solchen
Anschauungen gehuldigt hat — und er wäre ihnen
weiter als geschehen ist gefolgt, wenn ihm nicht
Freunde wie Feinde fortwährend seine Zirkel gestört
hätten — nimmt er einen nicht unrühmlichen Platz
in der Geschichte des neunzehnten Jahrhunderts ein.
Wie verwerflich die Art, auf die er sich den Weg zum
Thron bahnte, wie tief auch sonst die Schatten seiner
Regierung waren, es darf nicht vergessen werden, dass
die Periode seiner Hegemonie in vieler Beziehung eine
Zeit besonders raschen und erfreulichen Fortschritts war,
und zwar, wenn auch keineswegs überall, so doch zum
Theil durch sein Verdienst. Man denke nur daran, wie
der auf den Osten Europa's so drückend lastende und
doch hohle Nimbus der russischen Uebermacht zerstört,
Italien von Fremdherrschaft und Tyrannei befreit, die
Culturvölker durch Handelsverträge und verständniss-

Meinung zu theilen, als ob die Constituirung von Grossstaaten an
der Grenze Frankreichs für dieses Gefahren schüfe, sei der Kaiser
vielmehr der entgegengesetzten Ueberzeugung (Massari, Cavour,
übers. von Bezold, S. 219).

[69]) Mit Bedauern liest man in der Depesche des Ministerpräsidenten v. Manteuffel vom 28. December 1852, in welcher die
Anerkennung des neuen Kaiserreichs durch Preussen ausgesprochen
wird, die Worte: »Sa Majesté, en appréciant comme ils le méritent
les services rendus par le prince Louis-Napoléon à la cause de l'ordre . .«

volleren geistigen Austausch einander genähert wurden.
Der Gesichtskreis Napoleons III. beschränkte sich nicht
auf Frankreich und Frankreichs Präponderanz; sein
Geist war von civilisatorischen Ideen erfüllt. — Aber
kaum einige Wenige in Frankreich vermochten den
Ideen des Kaisers zu folgen. Sehr gesunde Gedanken
über das Verhältniss zu Deutschland hegte zwar Emile
Ollivier. Er hielt dafür, dass der Augenblick, Preussen
in seiner Politik aufzuhalten, jedenfalls unwiderruflich
vorüber sei und dass der Kaiser auch in der deutschen
Frage den Standpunkt des Nationalitätsprinzips festhalten
müsse. Er begrüsste mit warmer Zustimmung das Wort
eines deutschen Historikers, dass beide Nationen sich oft
genug auf den Schlachtfeldern begegnet, beide stolz und
edel genug seien, um ohne Scheu ihr tiefes Bedürfniss
nach Frieden bekennen zu dürfen. Selbst der Vereinigung der Südstaaten mit dem norddeutschen Bunde
wollte er sich höchstens dann widersetzen, wenn Preussen
dieselbe etwa mit Gewalt zu erzwingen versuche. Diese
Gesinnungen, diese entschiedene Abneigung gegen einen
Krieg, dessen Verderblichkeit er wenigstens zum Theil
voraussah, sprach Ollivier als Deputirter aus und betonte
sie auch, als er die Bedingungen formulirte, unter denen
er bereit sei, das Ministerium zu übernehmen. Aber nur
kurze Zeit lang schien sein Cabinet die Freiheit und
nicht den Krieg zu bedeuten, bis er den Herzog von
Gramont als Collegen acceptirte und sich unter einem
plumpen Vorwande in eben den Krieg hineinreissen liess,
den er verabscheut hatte. Der Hauptvertreter der entgegengesetzten Anschauungen war bekanntlich Thiers.
Er und seine Anhänger waren es, denen Napoleon III.
mit gutem Recht vorwarf, dass sie sich nicht über die

Vorurtheile der Vergangenheit zu erheben vermöchten. Sie waren um zwei Jahrhunderte zurück; sie lebten noch in den Vorstellungen der Zeiten Richelieu's und Ludwigs XIV.[70]). Nach ihrer Ansicht hätte daher ebenso wie nach derjenigen der bonapartistischen Kriegspartei der Kaiser sobald als möglich »Sadowa wieder gut machen müssen«, und auch im Jahre 1870 fand Thiers, wie er ausdrücklich ausgesprochen hat, nur die Gelegenheit zur Kriegserklärung schlecht gewählt[71]). Gleichwohl kann es heute keinem Zweifel mehr unterliegen, dass die in dem Rundschreiben La Valette's dargelegten Maximen die richtigen waren und ihre ernstliche und consequente Befolgung noch mehr zum Heile Frankreichs als Deutschlands gereicht haben würde.

Auch noch im Anfange des folgenden Jahres gab

---

[70]) In wahrhaft naiver Weise giebt diesen Anschauungen Rothan Ausdruck, Souvenirs diplomatiques. Revue des deux mondes T. XLVII (1881) S. 263 f. Er findet das vom Kaiser inspirirte Circular La Valette's ganz unbegreiflich, wenn man sich nicht der deutschen Erziehung Napoleons III. (de l'éducation première de l'empereur), seines Fatalismus u. s. w. erinnere. »Il oubliait ou ignorait que la paix de Westphalie, préparée de loin par les alliances de François Ier et de Henri II avec les protestans allemands, nous avait permis pendant deux siècles, en vouant l'Allemagne à l'impuissance, de porter la guerre sur son territoire, de lutter contre des coalitions européennes et de les vaincre parfois.« Dieser vortreffliche Zustand hätte nach Herrn Rothans Ansicht um jeden Preis aufrecht erhalten werden müssen. Es ist noch sehr gütig, dass er sich herbeilässt hinzuzufügen: »Que l'Allemagne ait cherché à réagir contre un si long et si humiliant destin, on le comprend . . . .«

[71]) Rede im Corps législatif 15. Juli 1870: »Plus que personne, je le répète, je désire la réparation des évènements de 1866, mais je trouve l'occasion détestablement choisie.«

das französische Cabinet derselben Auffassung Ausdruck. »In Deutschland wie in Italien,« sagt das Exposé über die Lage des Kaiserreichs vom Februar 1867, »ist das Gebäude von 1815 zusammengebrochen. Frankreich wartete seit lange auf seinen Sturz und kann es wahrlich nicht bedauern, dass derselbe sich nun vollzogen hat.« — Wie dann im Jahre 1867 jedoch die luxemburgische Frage ans Licht trat und wie sie gelöst wurde, ist in allgemeiner Erinnerung. Die Lösung schien damals nicht besonders rühmlich, ja beinahe eine Schlappe für den neuen norddeutschen Bund. Vom Auslande genöthigt, einen wichtigen Posten aufgeben zu müssen, welchen der vielverhöhnte alte Bund behauptet hatte — das schien kein günstiges Omen, kein ehrenvoller Anfang. Dennoch war die Niederlage der französischen Regierung, welche nochmals den Fehler begangen hatte eine gefährliche diplomatische Aktion anzufangen, ohne zum Kriege gerüstet zu sein, die grössere. Soviel sich aus den veröffentlichten Aktenstücken abnehmen lässt, war Graf Bismarck seinerseits von vornherein entschlossen, das Besatzungsrecht in Luxemburg nicht mit Gewalt zu behaupten. Das lässt sich auch aus seiner Antwort auf die Interpellation des Abgeordneten von Bennigsen herauslesen, obwohl man diese Antwort damals im Reichstage anders aufgefasst und deshalb mit patriotischem Jubel begrüsst zu haben scheint. Bennigsens Interpellation und Rede war aber von grossem Eindruck und Erfolg und trug wesentlich dazu bei, dass das französische Cabinet den Ankauf des Ländchens fallen lassen musste, obgleich derselbe eigentlich ein bereits abgeschlossener Handel gewesen war. Dass die Londoner Conferenz überdies die Schleifung der Festung und die Neutralisirung des Landes aussprach, ist bekannt. — Der Ausgang dieser Angelegenheit liess einen tiefen Groll

bei dem Kaiser zurück [72]), da er, wie es scheint, ernstlich geglaubt hatte, dass Preussen ihm diesen Erwerb
gönnen, ihn in diesem Falle aus der selbstgeschaffenen
Verlegenheit ziehen würde.

---

[72]) Vgl. Sybel, der anführt, dass Napoleon mit blitzenden
Augen ausgerufen habe: »Herr von Bismarck hat mich dupirt!
Ein Kaiser der Franzosen darf sich nicht dupiren lassen!« (S. 635.)
Nach Rothan entschloss sich der Kaiser nur schwer, den Handel
mit Holland fallen zu lassen.

V.

So kommen wir endlich auf den Anlass des Bruchs im Jahre 1870. Benedetti spricht wiederholt und nachdrücklich die auch sonst von französischer Seite vertretene Ansicht aus, dass Preussen Frankreich gegenüber an die Bedingungen des Prager Friedens gebunden gewesen wäre, weil Frankreich die von den kriegführenden Mächten angenommenen Präliminarien desselben vorgelegt hatte. Besonders macht er dies in Bezug auf zwei Punkte geltend: die Rückgabe der nordschleswigschen Distrikte an Dänemark und die unabhängige Stellung, welche die Südstaaten einnehmen sollten[73]). Benedetti wagt selbst nicht zu behaupten, dass diese Auffassung eine streng völkerrechtliche Grundlage habe. Ist sie aber auch nur moralisch berechtigt? Sie wäre es vielleicht, wenn Preussen im Juli 1866 Frankreichs Vermittelung angerufen hätte, durch dieselbe aus einer kritischen Lage befreit worden, mit anderen Worten, wenn Preussens damalige Situation etwa die Oesterreichs gewesen wäre. Da der

---

[73]) Graf Bismarck sagte in Bezug auf die Vereinigung mit den Südstaaten zu Benedetti im Februar 1870 die der Aufbewahrung werthen Worte: »Der Strom trägt uns unwiderstehlich dahin« (Le courant de notre eau nous y porte fatalement). Ma mission en Prusse S. 289.

Fall jedoch umgekehrt lag und das Eintreten Frankreichs
vielmehr den Zweck hatte und theilweise auch erreichte,
die Ansprüche des siegreichen Preussen möglichst ein-
zuschränken (de modérer le vainqueur par son inter-
vention amicale, wie jenes friedfertige Rundschreiben
La Valette's sich ausdrückt) — so fehlt jener Auffassung
jeder Boden. Die französischen Schriftsteller betonen
stets, der Kaiser Napoleon habe Preussen durch seine
Neutralität die ausserordentlichsten Dienste erwiesen, die
preussischen Erfolge erst möglich gemacht. Das mag
nicht unbedingt zu bestreiten sein. Aber zur Erkennt-
lichkeit dafür war Preussen nicht verpflichtet. In dieser
Hinsicht genügt es daran zu erinnern, dass Napoleon III.
Oesterreich hatte in den Stand setzen wollen, von Italien
unbehelligt sich mit ganzer Kraft auf Preussen zu werfen
und ihm Schlesien wieder zu entreissen. Ein selbst-
süchtiger Freund hat keinen Anspruch auf Belohnung
auch wenn er sich verrechnet hat und thatsächlich leer
ausgegangen ist. Und wie stand es mit Frankreichs
eigener Treue gegen den Prager Frieden? Jener vom
Kaiser hingeworfene Gedanke, dass Preussen das Königreich Sachsen annectiren möge, widersprach diesem Vertrage direct[74]), da Artikel 6 desselben Preussen zwar
sonst in Bezug auf Territorialveränderungen in Nord-
deutschland freie Hand liess, aber zu Gunsten Sachsens
eine ausdrückliche Ausnahme machte. Wie wenig dem
französischen Kaiser — trotz aller theoretischen Vorliebe
für einen möglichst kräftigen Bund der kleineren Staaten
— an der Integrität der Südstaaten lag, hatte er durch
die Forderung der Pfalz und Rheinhessens bewiesen und
damit der preussischen Politik einen ihrer besten, durch

---

[74]) Vergl. oben Anm. 64.

die Schutz- und Trutzbündnisse mit den Südstaaten vom August 1866 trefflich verwertheten Trümpfe in die Hände gespielt. Auch mit der Aufrechterhaltung der Main- linie war es Frankreich nicht Ernst. Es wollte sich nur einen hohen Preis für die Genehmigung zur Ueber- schreitung derselben vorbehalten. Wir brauchten dies nicht erst aus Herrn Rothans Erörterungen über die Luxemburger Angelegenheit zu lernen. In den Verhand- lungen über Belgien, nach denen sich Frankreich einer Einigung zwischen den Südstaaten und dem Nordbunde eventuell nicht widersetzen wollte [75]), liegt schon der Be- weis dafür. — Kurz, die Frage, ob Frankreich ein Recht hatte, Preussen bei den Bedingungen des Prager Friedens festzuhalten, kann wohl als erledigt gelten. In Bezug auf die hiemit eng zusammenhängende andere Frage, in wiefern Preussen über den Prager Vertrag hinausgegangen war, beschränke ich mich darauf hinzuweisen, dass die Franzosen stets einseitig die Bestimmung betonen, dass die südlich vom Main gelegenen Staaten unter sich einen unabhängigen Bund bilden sollten, dagegen den Zusatz, wonach die nationale Verbindung dieses süddeutschen Bundes mit dem norddeutschen gegenseitiger Verstän- digung vorbehalten blieb [76]), mit Schweigen übergehen. Wir können übrigens hievon absehen, da man von fran- zösischer Seite den Anlass zum Kriege garnicht den deutschen Angelegenheiten entnahm.

Man benutzte dazu bekanntlich vielmehr eine n i c h t d e u t s c h e Angelegenheit, und zwar folgte man hierin den Rathschlägen eines Deutschen, des Grafen Beust [77]).

---

[75]) Vergl. o. S. 43.
[76]) Artikel 4 des Prager Friedens.
[77]) Sybel a. a. O. S. 638, 640. Auch schon bei der Luxem-

Der Rath, welcher darauf abzielte, Preussen in dem künftigen Kriege die Sympathien und soweit als möglich auch die Unterstützung des übrigen Deutschland zu entziehen, schien klug. Er beruhte auf einer Kenntniss des deutschen Nationalgefühls, welche den Franzosen abging. Bekanntlich fiel die Wahl des Gegenstandes auf die spanische Throncandidatur des Erbprinzen von Hohenzollern. Diese Angelegenheit kam, wie Benedetti erzählt[78]), in einer Audienz, welche er im April 1869 beim Kaiser hatte, zur Sprache. Napoleon bezeichnete, so hören wir, schon damals diese Candidatur als für Frankreich durchaus unannehmbar. Eher war er angeblich sogar bereit, sich den Herzog von Montpensier, den Sohn Louis Philipps, auf dem spanischen Throne gefallen zu lassen. »Die Candidatur des Herzogs von Montpensier,« so soll er die Unterredung geschlossen haben, »ist rein antidynastisch; sie greift nur mich an, und ich kann sie annehmen; die Candidatur des Prinzen von Hohenzollern dagegen ist antinational, das Land wird sie nicht dulden, und man muss sie abschneiden.« In ähnlichem Sinne äusserte sich zu Anfang Juli 1870 der französische Botschafter in Madrid in einer Unterredung mit dem Marschall Prim[79]). Der Kaiser scheint wiederholt diese Sprache geführt zu haben, die zugleich ganz geeignet schien ins Licht zu setzen, wie sehr er die Interessen des Landes über die seiner Person und selbst seiner Dynastie stelle.

---

burger Affaire hatte Beust das französische Cabinet davor gewarnt, das deutsche Nationalgefühl zu provociren.

[78]) Ma mission en Prusse S. 307.

[79]) Ebd. S. 420 (Depesche Merciers an Gramont, 3. Juli 1870).

Wäre diese spanische Throncandidatur indessen nicht
der Vorwand, sondern der Grund des Bruches gewesen, hätte die französische Regierung in der That, wie
sie behauptet hat, im Jahr 1870 nicht den Krieg, sondern
den Frieden gewollt — so würde ihr Verfahren wohl
mindestens ebenso entschiedenem Tadel unterliegen, ja
geradezu unbegreiflich sein. Benedetti selbst erklärt, in
Ems erreicht zu haben, was zu erwirken ihm ursprünglich aufgetragen war: die Zurückziehung der hohenzoller-
schen Candidatur. Der Herzog von Gramont, welcher
fühlte, dass damit sein Verfahren durch seinen eigenen
Botschafter verurtheilt sei, antwortet demselben zwar in
jenem Buche, welches zum Theil eine Gegenschrift gegen
die Benedetti's ist[80]), Benedetti irre sich gänzlich, er habe
im Gegentheil absolut nichts erreicht. Aber die treffende
Kritik dieser Darstellung und die Entscheidung zu Gunsten
Benedetti's war schon im Voraus in den Worten von
Thiers am 15. Juli 1870 enthalten: »Le fond était ac-
cordé, et c'est pour un détail de forme que vous rompez!«
Man trieb es zum Bruch wegen einer Formalität, welche
sachlich offenbar überflüssig war und nur den Zweck haben
konnte, den Krieg unvermeidlich zu machen oder Preussen
und seinen König zu demüthigen, um dem aufgeregten
französischen Nationalgefühl eine Genugthuung zu ver-
schaffen. — Im Zusammenhange hiemit sei noch eine
Entstellung des wahren Sachverhalts erwähnt, welche
auch schon hervorgehoben worden ist[81]), wie es denn überhaupt bekannt ist, dass das französische Ministerium auch
den eigenen Kammern gegenüber nicht mit voller Wahr-

---

[80]) La France et la Prusse avant la guerre (Paris 1872).
[81]) Vergl. Delord, Hist. du second empire VI. 2. éd. S. 192
bis 193, 195—196, 627 f.

haftigkeit, allermindestens nicht mit der der Schwere der
Entscheidung entsprechenden Genauigkeit in seinen Mit-
theilungen zu Werke ging[82]). Der Berichterstatter der
Commission, welcher die Minister nähere Informationen
gegeben hatten, sagte in der Sitzung des gesetzgebenden
Körpers vom 15. Juli: »Wir haben die Genugthuung,
Ihnen sagen zu können, dass die Regierung seit dem
Eintritt des Zwischenfalls und von der ersten Phase der
Verhandlungen bis zur letzten in loyaler Weise das näm-
liche Ziel verfolgt hat. So endigt die erste Depesche,
welche an unsern Botschafter nach seiner Ankunft in
Ems beim Könige von Preussen gerichtet wurde, mit
folgendem Satze, welcher zeigt, dass die Regierung ihre
berechtigte Forderung klar formulirt hat: ‚Damit dieser
Verzicht seine volle Wirkung thue, erscheint es noth-
wendig, dass der König von Preussen sich demselben
anschliesst und uns die Versicherung giebt, dass er diese
Candidatur nicht von neuem autorisiren werde[83‘]. So
wurde das, was der streitige Punkt dieser grossen Verhandlung geblieben ist, von der ersten Stunde an hin-
gestellt, und Sie werden die capitale Wichtigkeit dieser

---

[82]) So stellte man den Charakter jenes Telegramms vom
13. Juli 1870 über die Vorgänge in Ems, welches von Berlin aus
den deutschen Regierungen und einigen Vertretern bei fremden
Höfen amtlich mitgetheilt worden war, in einem nicht ganz richtigen Lichte dar. — Einzuräumen ist, dass dies Telegramm die
Vorgänge in Ems in einer etwas stärkeren Färbung darstellte als
sie wirklich gehabt hatten, auf die Gefahr des Bruches hin, der
nun doch nicht mehr mit Ehren vermieden werden konnte.

[83]) Pour que cette renonciation produise tout son effet, il
paraît nécessaire que le roi de Prusse s'y associe et nous donne
l'assurance qu'il n'autoriserait pas de nouveau cette candidature.
(Aegidi und Klauhold, Staatsarchiv XIX. 76.)

von der öffentlichen Meinung bisher nicht gekannten Thatsache einsehen.« Indessen, was hier als ein Umstand von capitaler Wichtigkeit bezeichnet wird, war eine falsche Vorspiegelung. Vergleicht man nämlich die an Benedetti nach Ems geschickten Depeschen, welche er selbst veröffentlicht hat, so ergiebt sich, dass jener Satz keineswegs schon in der ersten dieser Depeschen enthalten ist, sondern erst in einem Telegramm des Herzogs von Gramont vom 12. Juli, welches derselbe absandte, nachdem das französische Cabinet durch den spanischen Botschafter erfahren hatte, dass Fürst Anton von Hohenzollern die Throncandidatur seines Sohnes im Namen desselben zurückziehe. Auf diese — bereits eingetretene — Verzichtleistung bezieht sich der von dem Berichterstatter angeführte Satz, in welchem auf »cette renonciation« auch ausdrücklich die in seinem Berichte ausgelassenen Worte: »du prince Antoine« folgen [84]). Man hatte also die zweite Forderung — dass der König von Preussen sich dem Verzichte anschliesse — keineswegs schon von vornherein, zugleich mit der ersten aufgestellt, sondern stellte sie erst, nachdem die erste erreicht war. Die Schuld an der verhängnissvollen Verwechselung trug der Herzog von Gramcnt. Es war ihm, wie es heisst, begegnet, in der Commission die vom

---

[84]) Benedetti, Ma mission en Prusse, S. 639: Nous avons reçu, dès maintenant, de l'ambassadeur d'Espagne la renonciation du prince Antoine, au nom de son fils Léopold, à sa candidature au trône d'Espagne. Pour que cette renonciation du prince Antoine produise tout son effet, il paraît nécessaire que le roi de Prusse s'y associe et nous donne l'assurance qu'il n'autoriserait pas de nouveau cette candidature.

Veuillez vous rendre immédiatement auprès du Roi pour lui demander cette déclaration etc.

12. Juli 7 Uhr Abends datirte Depesche als vom 7. Juli datirt zu verlesen, und er fand sich nicht bewogen, dies — Versehen später zu berichtigen [85]).

Eine Hauptursache aller der Missgriffe der französischen Politik, welche uns entgegengetreten sind, war die Unterschätzung der Kraft Preussens. Diese Unterschätzung hatte fortwährend zu der unrichtigen Annahme geführt, dass Preussen die Unterstützung Frankreichs nicht entbehren könne, wenn es eine kühne Politik verfolgen wolle, und daher bereitwillig sein werde, einen hohen Preis für diesen Beistand zu zahlen — als ob es etwa das deutsche Piemont wäre. Diese Unterschätzung der Kraft Preussens war, ähnlich wie früher auf Seiten Oesterreichs, ein unausrottbarer, immer von neuem emporwachsender Irrthum, den weder die Erfolge Preussens von 1864 noch die unvergleichlich grösseren von 1866 zu beseitigen vermochten. Die letzteren glaubte man gerade darum weniger ernst nehmen zu dürfen, weil sie so überraschend und wunderbar waren. Man erinnerte sich lieber des Tages von Jena, an welchem dieser Staat dereinst zusammengebrochen war, oder der Tage von Olmütz, in denen er sich selbst aufgegeben hatte. Indessen derjenige, welcher diesem verhängnissvollen Irrthum zwar auch, aber in geringerem Maasse unterworfen war als die anderen französischen Politiker, war der Kaiser, der alte Bewunderer der preussischen Heereseinrichtungen. Nach der Beilegung des Luxemburger Handels hörte Sybel ihn sagen: »Es ist ein Glück, dass man ein ehrenhaftes Abkommen gefunden hat; hätten wir brechen müssen, der Krieg wäre furchtbar geworden!« [86]) Und

---

[85]) Delord a. a. O.
[86]) Sybel a. a. O. S. 635.

so ging er auch schliesslich nicht mit so »leichtem
Herzen« in den Krieg wie sein damaliger Premier-
minister. Als Napoleon III. am Vormittage des 28. Juli
1870 von St. Cloud abfuhr, trugen seine Züge, wie der
Herzog von Gramont als Augenzeuge berichtet [87]), einen
nicht nur ernsten, sondern fast traurigen Ausdruck.
Während Hoch und Niedrig in der trunkenen Phantasie
des sicheren, leichten, glänzenden Sieges schwelgte, sagte
der Kaiser, wenn er auch die Hoffnung auf den Sieg
theilte, in seiner Proclamation an die Armee [88]): »Ihr
werdet gegen eines der besten Heere Europa's zu kämpfen
haben. Der Krieg, welcher beginnt, wird lang und
schwierig sein.«

Als Napoleon III. sich nach der Schlacht von Sedan
als Gefangener ergab, bedauerte er, nicht den Tod im
Kampfe gefunden zu haben, obschon er ihn wohl kaum
ernstlich gesucht hatte [89]). Vielleicht fielen ihm die
Worte seines Oheims ein, an welche er in den »Idées
Napoléoniennes« erinnert hatte: »Eher den Tod als
einen schmachvollen Frieden! Eher den Tod als Kaiser

---

[87]) A. a. O. S. 316—317: L'empereur portait sur ses traits
une impression de gravité, presque de tristesse, qui contrastait avec
l'enthousiasme des populations qu'il allait traverser.

[88]) Vom 28. Juli, aus dem Hauptquartier zu Metz: »Vous allez
combattre une des meilleures armées de l'Europe — La guerre qui
commence sera longue et pénible . . .«

[89]) In dem Briefe an König Wilhelm: N'ayant pas pu mourir
à la tête de mes troupes, il ne me reste plus qu'à remettre mon
épée entre les mains de Votre Majesté. Vgl. Delord VI, 407,
welcher hiezu sogar bemerkt: L'histoire, si elle doit le respect aux
vaincus, n'est point tenue de se prêter à leurs mensonges.

eines Frankreich sein, das kleiner wäre als ich es über-
kommen habe [90])!

[90]) Quoique son corps saigne de toutes parts, plutôt la mort,
s'écrie-t-il, qu'une paix honteuse! Plutôt la mort que d'être empereur d'une France plus petite que je ne l'ai reçue! (Oeuvres I,
137.) Es ist eine Paraphrase der Erklärungen Napoleons I. zur
Zeit des Congresses von Châtillon.

Berichtigung und Nachtrag.

Seite 7 Zeile 7 von oben L e i d statt Uebel.

Seite 10 Anm. 15. Nigra meldete damals aus Paris: »Die Gedanken des Kaisers wären Abtretung Venetiens an Italien, Schlesiens an Oesterreich, Preussen erhielte die Herzogthümer und einige deutsche Fürstenthümer, die ihm gelegen wären. Am Rhein würde man drei oder vier kleine Herzogthümer schaffen, die einen Theil des deutschen Bundes bildeten, aber unter französischem Schutze ständen. Die von Preussen depossedirten deutschen Fürsten würden in die Donaufürstenthümer gehen.«

Akademische Verlagsbuchhandlung von J. C. B. Mohr

(Paul Siebeck)

in Freiburg i. B. und Tübingen.

In meinem Verlag sind erschienen:

Geschichtliche Vorträge und Aufsätze

von

Dr. Theodor Kern,

weil. o. ö. Professor der Geschichte zu Freiburg i. B.

Mit einem Vorwort von Professor Julius Weizsäcker.

Klein 8. 1875 (Titel-Ausgabe 1882). VI und 342 Seiten.

M. 3. — In Halbfranz gebunden M. 4. —

Inhalt: Kaiser Otto III. — Kaiser Konrad II. — Mathilde die grosse Gräfin. — Der Kampf der Fürsten gegen die Städte in den Jahren 1449 und 1450. — Strassburgs Einverleibung in Frankreich. — Die Reformen der Kaiserin Maria Theresia. — Zur Geschichte der österreichischen Politik im Jahre 1814. Mit einem Anhang: die Freiburger Deputation in Basel 1814.

Briefe und Berichte des

Generals und der Generalin von Riedesel

während des nordamerikanischen Krieges

in den Jahren 1776—1783 geschrieben.

1881. Gebunden M. 7. 50.

»Dies Buch war zuerst im Jahre 1799 in einer Ausgabe erschienen, welche einer der Schwiegersöhne Riedesels, der Graf Heinrich XLIV. Reuss-Köstritz, der Familie und den Freunden gab; es ward dann im folgenden Jahre in einer verkäuflichen von dem bekannten Buchhändler Spener herausgegeben. Auch diese ist längst vergriffen und selten geworden und so hat das Buch das Loos mancher vortrefflichen Schriften erfahren: es war vergessen. Aber wenn auch alt und vergessen, veraltet ist sie mit nichten diese naive und heitere Darstellung des muthigen Sinns, der ernsten Pflichttreue und des innigen Gottvertrauens, das sich nicht in frommen Worten spreizt, aber in schlichten Thaten immer von neuem bewährt. Es ist als ob Kant's Pflichtenlehre und Friedrich's des Grossen Vorbild sich in diesem reinen deutschen Frauengemüth spiegelten. Und darum ist den deutschen Frauen zunächst das Buch gewidmet.

Noch andern Werth neben dem persönlichen haben diese Briefe. Sie zeigen, dass in dieser Epoche, die man jetzt als durchweg gottlos, unsittlich und frivol zu schildern liebt, doch auch nicht allein unter den Männern der Wissenschaft und in den bürgerlichen Kreisen, auch unter den Vornehmen, die der grossen Welt angehörten, die edelsten reinsten Menschen lebten.

Und endlich: wir schöpfen hier für die historische Wirklichkeit aus der frischesten Quelle. Denn die subjective Färbung, die ein Mitlebender und Mithandelnder unbewusst seiner Erzählung giebt, thut sicherlich der Wahrheit weniger Eintrag als die Darstellung mancher den Ereignissen fernstehenden Historiker, die doch unwillkürlich Partei nehmen.«

So möge denn dies Buch in seiner neuen Gestalt auch den Freunden der Geschichte willkommen sein.